El profeta

Gibran Khalil Gibran
El profeta

Ilustraciones de
Nelson Leiva

Círculo de Lectores

Título del original, The Prophet
Traducción, José Manuel Vergara
Cubierta, Yzquierdo

Ediciones Nacionales
Círculo de Lectores
Edinal Ltda.
Calle 57, 6-35, Bogotá

© Editorial Pomaire, S.A., 1976
Impreso y encuadernado por
Printer Colombiana
Carrera 63, 18-36
Bogotá   1980
Printed in Colombia
ISBN 84 - 226 - 1155 - 4

Edición no abreviada
Licencia editorial para Círculo de Lectores
por cortesía de Editorial Pomaire
Queda prohibida su venta a toda persona
que no pertenezca a Círculo

AL-MUSTAFÁ, EL ELEGIDO Y EL BIENAMADO, que era una aurora en su propio día, hacía doce años esperaba, en la ciudad de Orphalese, el regreso de su navío que lo llevaría de vuelta a la isla donde naciera.

Y al año decimosegundo, en el séptimo día de Ieul, mes de las cosechas, subió al monte que quedaba fuera de la ciudad y miró hacia la mar; y vio a su navío que llegaba con la niebla.

Entonces se abrieron las puertas de su corazón, y su alegría voló lejos sobre la mar. Y, cerrando los ojos, oró en el silencio de su alma.

Mas al descender del monte, fue invadido por la tristeza y pensó en su corazón:

¿Cómo podré marcharme en paz y sin pena? No, no será sin una herida en el alma que dejaré esta ciudad.

Largos fueron los días de amargura que pasé dentro de sus muros, y largas noches de soledad; ¿y quién puede despedirse sin tristeza de su amargura y de su soledad?

Muchos fueron los trozos de mi alma que esparcí en estas calles, y muchos son los hijos de mi ansiedad que caminan, desnudos, entre estas colinas, y no puedo abandonarlos sin sentirme oprimido y entristecido.

No es una simple vestimenta la que hoy me saco, sino la propia piel que arranco con mis manos.

No es un mero pensamiento el que dejo detrás mío, sino un corazón enternecido por el hambre y la sed.

Sin embargo, no puedo tardar más tiempo.

La mar, que llama hacia sí todas las cosas, me está llamando y debo embarcarme.

Pues permanecer aquí, mientras las horas se queman en la noche, sería congelarme y cristalizarme en un molde.

De buena gana me llevaría conmigo todo lo que está aquí. Pero ¿cómo hacerlo?

La voz no se lleva consigo la lengua y los labios que le dieron alas.

Y, sola, debe buscar el éter.

Y también sola y sin nido volará el águila rumbo al sol.

Y cuando llegó al pie de la colina, volvióse nuevamente hacia la mar y vio a su navío y, en su proa, agruparse los marinos, los hombres de su tierra natal.

Y su alma les gritó y les dijo:

Hijos de mi vieja madre, que corréis sobre las crestas de las olas impetuosas.

Cuántas veces navegasteis en mis sueños. Y ahora llegáis a mi despertar, que es mi sueño más profundo.

Dispuesto me encontráis a partir, y mi impaciencia, con las velas desplegadas, está a la espera del viento.

Aspiraré sólo una bocanada más de aire de este ambiente sereno, volveré atrás solamente para echar una mirada afectuosa.

Y luego, después, me juntaré con vosotros, marino entre marinos.

Y tú, vasta mar, madre siempre recordada.

Que, sola, eres paz y libertad para el río y el arroyo.

Una sola curva le falta aún a esta corriente, un solo murmullo susurrará aún en este remanso.

Después, volveré a ti, cual gota ilimitada en un ilimitado océano.

Y mientras caminaba vio a hombres y mujeres que dejaban sus campos y viñedos y se apresuraban hacia las puertas de la ciudad.

Y oyo sus voces que pronunciaban su nombre y llamábanse de campo en campo anunciando la llegada de su navío.

Y se dijo:

¿Será acaso el día de la separación el día del encuentro?

¿Y se dirá que mi anochecer era, en verdad, mi aurora?

¿Y qué ofreceré al que dejó su arado en el surco y al que detuvo la rueda de su lagar?

¿Tendrá que convertirse mi corazón en árbol de abundantes frutos que deberé coger y repartir?

¿Y tendrán que brotar mis deseos como una fuente para que pueda yo llenar sus copas?

¿Soy acaso un arpa para que en mí toque la mano del Omnipotente, o una flauta que Su aliento pueda soplar?

Un ser en procura de silencio, eso es lo que soy. ¿Y qué tesoros he hallado en mis silencios que pueda yo otorgar confiadamente?

Si éste es mi día de cosecha, ¿en qué campos esparcí la semilla y en qué olvidadas estaciones?

Si ésta es, en verdad, la hora en que deberé alzar mi lámpara, no será mi llama la que en ella ha de brillar.

Vacía y apagada alzaré mi lámpara.

Y el guardián de la noche la llenará de aceite y también la encenderá.

Estas cosas las expresó con palabras. Pero muchas quedaron, sin pronunciar, en su corazón. Pues ni él mismo podía expresar su secreto más profundo.

Y al entrar en la ciudad, el pueblo entero se le acercó y todos aclamaban su nombre a una sola voz.

Y los ancianos de la ciudad se aproximaron y dijeron:
No nos dejes todavía.

Fuiste un mediodía en nuestro crepúsculo, y tu juventud pobló de ilusiones nuestro sueño.

Entre nosotros no eres ni extranjero ni huésped, sino nuestro hijo y nuestro bienamado.

No nos condenes a que se priven aún nuestros ojos de tu rostro.

Y los sacerdotes y las sacerdotisas le dijeron:
No permitas que ahora nos separen las olas del mar y que los años que pasaste con nosotros se conviertan en recuerdo.

Anduviste entre nosotros como un espíritu y tu imagen ha sido luz para nuestros rostros.

Mucho te hemos amado. Pero nuestro amor ha sido silencioso y como un velo te ha cubierto.

Ahora, sin embargo, alza su voz para llamarte y ante ti quiere revelarse.

Y así ha sido siempre con el amor. Sólo conoce su verdadera profundidad cuando llega la hora de la separación.

Y también vinieron otros y le imploraron. Pero él nada les respondió. Sólo inclinó la cabeza. Y los que le rodeaban vieron sus lágrimas caer sobre su pecho.

Y, con el pueblo, dirigióse a la gran plaza que había ante el templo.

Salió entonces del santuario una mujer llamada Almitra. Y era una vidente.

Y él la miró con gran ternura, ya que había sido la primera en buscarle y había creído en él desde el primer día en que llegara a la ciudad.

Y ella le saludó, diciendo:

Profeta de Dios a la búsqueda del infinito, cuántas veces has escrutado el horizonte en espera de tu navío.

Y ahora tu navío ha llegado, y debes partir.

Honda es tu nostalgia del país de tus recuerdos y de la morada de tus mayores deseos; y nuestro amor no quiere estorbarte ni nuestros deseos retenerte.

Una cosa, sin embargo, te pedimos antes de que nos dejes: que nos hables y nos des de tu verdad.

Y nosotros la daremos a nuestros hijos, y ellos a los suyos, y tu verdad no morirá.

En tu soledad velaste por nuestros días, y en tu vigilia escuchaste los llantos y las risas de nuestro sueño.

Muéstranos ahora a nosotros mismos y dinos todo lo que se te ha revelado sobre cuánto hay entre el nacimiento y la muerte.

Y él respondió:

Pueblo de Orphalese, ¿de qué podría hablar sino de aquello que ahora conmueve vuestras almas?

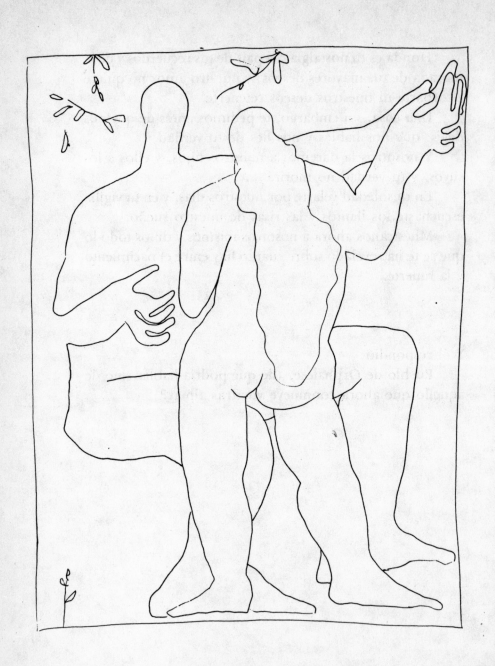

Entonces dijo Almitra: Háblanos del Amor.

Y él alzó la cabeza y miró a la multitud, y un silencio cayó sobre todos, y con fuerte voz dijo él:

Cuando el amor os llame, seguidle,

aunque sus caminos sean agrestes y escarpados.

Y cuando sus alas os envuelvan, dejadle,

aunque la espada oculta en su plumaje pueda heriros.

Y cuando os hable, creedle,

aunque su voz pueda desbaratar vuestros sueños como el viento asola vuestros jardines.

Porque así como el amor os corona, así os crucifica.

Así como os agranda, también os poda.

Así como sube hasta vuestras copas y acaricia vuestras más frágiles ramas que tiemblan al sol,

también penetrará hasta vuestras raíces y las sacudirá de su arraigo a la tierra.

Como gavillas de trigo, os aprieta contra su corazón.

Os apalea para desnudaros.

Os trilla para liberaros de vuestra paja.

Os muele hasta dejaros blancos.

Os amasa hasta dejaros livianos;

y luego, os mete en su fuego sagrado, y os transforma en pan místico para el banquete divino.

Todas estas cosas hará el amor por vosotros para que podáis conocer los secretos de vuestro corazón, y con este conocimiento os convirtáis en el pan místico del banquete divino.

Pero si en vuestro temor sólo buscáis la paz del amor y el placer del amor,

Entonces más vale que cubráis vuestra desnudez y salgáis de la era del amor,

Para que entréis en el mundo carente de estaciones, donde reiréis, pero no todas vuestras risas, y lloraréis, pero no todas vuestras lágrimas.

El amor sólo da de sí y nada recibe sino de sí mismo.

El amor no posee, y no se deja poseer:

Porque el amor se basta a sí mismo.

Cuando améis no debéis decir «Dios está en mi corazón», sino «estoy en el corazón de Dios».

Y no penséis que podréis dirigir el curso del amor, porque el amor, si os halla dignos, dirigirá él vuestro curso.

El amor no tiene más deseo que el de alcanzar su plenitud.

Pero si amáis y habéis de tener deseos, que sean así:

De diluiros en el amor y ser como un arroyo que canta su melodía a la noche.

De conocer el dolor de sentir demasiada ternura.

De ser herido por la comprensión que se tiene del amor; y de sangrar de buena gana y alegremente.

De despertarse al alba con un corazón alado y dar gracias por otra jornada de amor;

De descansar al mediodía y meditar sobre el éxtasis del amor;

De volver a casa al crepúsculo con gratitud,

Y luego dormirse con una plegaria en el corazón por el bienamado, y con un canto de alabanza en los labios.

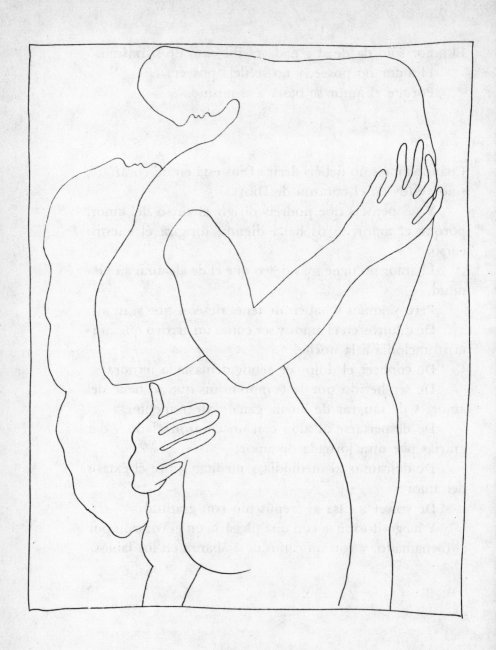

E NTONCES ALMITRA habló de nuevo y dijo: ¿Y qué nos dices del Matrimonio, Maestro?

Y él respondió, diciendo:

Habéis nacido juntos y juntos permaneceréis para todo y siempre.

Juntos estaréis cuando las blancas alas de la muerte dispersen vuestros días.

Sí, juntos permaneceréis en la silenciosa memoria de Dios.

Pero que haya espacios en vuestra comunión,

y que los vientos del cielo dancen entre vosotros.

Amaos uno al otro, pero no hagáis del amor una traba:

Que sea más bien un mar bullente entre las playas de vuestras almas.

Llenaos las copas el uno al otro, pero no bebáis en una sola copa.

Compartid vuestro pan, pero no comáis del mismo trozo.

Bailad y cantad juntos y sed alegres; pero permitid que cada uno pueda estar solo,

al igual que las cuerdas del laúd están separadas y, no obstante, vibran con la misma armonía.

Daos vuestro corazón, pero no os lo entreguéis en custodia.

Ya que sólo la mano de la Vida puede guardar vuestros corazones.

Vivid juntos, pero tampoco demasiado próximos;

ya que los pilares del templo se erigen a distancia,

y la encina y el ciprés no crecen a la sombra uno del otro.

Y UNA MUJER que llevaba un niño en los brazos dijo:
Háblanos de los Hijos.

Y dijo él:

Vuestros hijos no son vuestros hijos.

Son los hijos y las hijas del ansia de la Vida por sí misma.

Vienen a través vuestro, pero no son vuestros.

Y aunque vivan con vosotros, no os pertenecen.

Podéis darles vuestro amor, pero no vuestros pensamientos, porque ellos tienen sus propios pensamientos.

Podéis abrigar sus cuerpos, pero no sus almas,

pues sus almas habitan en la mansión del mañana, que vosotros no podéis visitar, ni siquiera en sueños.

Podéis esforzaros en ser como ellos, pero no intentéis hacerlos a ellos como a vosotros.

Ya que la vida no retrocede, ni se detiene en el ayer.

Sois los arcos con los que vuestros niños, cual flechas vivas, son lanzados.

El Arquero ve el blanco en el camino del infinito, y Él, con Su poder, os tenderá, para que Sus flechas puedan volar rápidas y lejos.

Que la tensión que os causa la mano del Arquero sea vuestro gozo,

ya que así como Él ama la flecha que vuela, ama también el arco que permanece inmóvil.

E NTONCES UN HOMBRE RICO dijo: Háblanos del Dar.

Y el respondió:

Poco dais si sólo dais de vuestros bienes.

Dais de verdad sólo cuando dais de vosotros mismos.

Pues, ¿qué son vuestros bienes sino cosas que guardáis por temor de necesitar de ellas mañana?

Y mañana, ¿qué traerá el mañana al perro demasiado prudente que oculta huesos en las arenas movedizas mientras sigue a los peregrinos que van hacia la ciudad santa?

¿Y qué es el miedo a la necesidad sino la necesidad misma?

¿Y el temor a la sed delante de vuestros bien repletos pozos, no es ya la sed inextinguible?

Los hay que poco dan de lo mucho que tienen; y dan para suscitar el agradecimiento, y su oculto deseo corrompe sus dones.

Los hay que poco tienen y que lo dan por entero.

Éstos creen en la vida y en la bondad de la vida, y sus cofres no estarán nunca vacíos.

Y los hay que dan con alegría, y esta alegría es su recompensa.

Y los hay que dan con dolor, y este dolor es su bautismo.

Y los hay que dan sin sentir dolor ni alegría y sin pensar en su virtud;

dan como el mirto que allá abajo en el valle exhala su perfume en el espacio.

Habla Dios por las manos de tales seres, y a través de sus miradas sonríe Él al mundo.

Bueno es dar cuando se es solicitado, pero mejor es dar sin ser solicitado, por comprensión:

y buscar al que ha de recibir es, para los generosos, una alegría más grande que el mismo don.

¿Y, hay algo que quisierais rehusar?

Todo lo que poseéis será un día repartido;

dad entonces ahora, a fin de que la época de dar sea la vuestra y no la de vuestros herederos.

Decís a menudo: «Daré, pero sólo a quienes lo merezcan».

No hablan así los árboles en vuestros huertos ni los ganados en vuestros prados.

Ellos dan para vivir, porque retener es morir.

Quien es digno de recibir sus días y sus noches, digno es también de recibirlo todo de vosotros.

Y quien ha merecido beber en el océano de la vida, bien merece llenar su copa en vuestro arroyo.

¿Y hay mayor mérito que el de quien vive en la valentía y en la confianza; y más aún en la caridad del que recibe?

¿Y quiénes sois vosotros para obligar a los hombres a exponer su intimidad y a despojarse de su orgullo, de suerte que podáis ver su dignidad puesta al desnudo y en evidencia su orgullo?

Ved, primero, si vosotros mismos merecéis ser donantes e instrumentos del don.

Ya que, en verdad, es la Vida quien da a la Vida; mientras que vosotros, que os imagináis ser donantes, no sois en realidad más que testigos.

Y vosotros, los que recibís —y lo recibís todo—, no asumáis ningún deber de gratitud, por temor a imponer un yugo tanto sobre vosotros mismos como sobre vuestros benefactores.

Elevaos más bien con quien os da, como si de alas se tratasen sus dones;

ya que cuidar demasiado de vuestras deudas es dudar de la generosidad de quien tiene a la magnánima tierra por madre y a Dios por padre.

D IJO ENTONCES UN VIEJO POSADERO: Háblanos del Comer y del Beber.

Y dijo él:

Pudierais vivir del perfume de la tierra, y sustentaros de la luz como una planta.

Pero, ya que debéis matar para comer, y robar al recién nacido la leche de su madre para aplacar vuestra sed, haced de ello un acto de adoración.

Y que vuestra mesa sea un altar sobre el que sean sacrificados los puros y los inocentes del bosque y de la llanura por aquello que de más puro e inocente hay en el hombre.

25

Cuando matéis una bestia, decidle en vuestro corazón:

Por el mismo poder que te inmola yo también seré inmolado y también yo serviré de alimento a otros.

Ya que la ley que te ha entregado a mis manos me entregará a manos más poderosas.

Tu sangre y mi sangre no son más que la savia que alimenta al árbol del cielo.

Y cuando mordáis una manzana, decidle en vuestro corazón:

Tus semillas vivirán en mi cuerpo,
y tus brotes del mañana florecerán en mi corazón,
y tu perfume será mi aliento,
y juntos nos regocijaremos estación tras estación.

Y en Otoño, cuanto recojáis la uva de vuestros viñedos para llevarla al lagar, decidle en vuestro corazón:

también yo soy un viñedo y se recogerá mi fruto para llevarlo al lagar,

y, como vino nuevo seré guardado en eternas vasijas.

Y en Invierno, cuando saquéis el vino, que haya en vuestro corazón una canción por cada copa;

y que haya en la canción un pensamiento por los días otoñales, y por los viñedos, y por el lagar.

E NTONCES UN LABRADOR DIJO: Háblanos del Trabajo.

Y él respondió, diciendo:

Trabajáis para poder seguir el ritmo de la tierra y del alma de la tierra.

Ya que el ocioso es un extranjero entre las estaciones, y se aparta del cortejo de la vida, que majestuosamente y en orgullosa sumisión avanza hacia el infinito.

Cuando trabajáis, sois una flauta a través de la cual se transforma en melodía el murmullo de las horas.

¿Quién de vosotros querría ser una caña muda y sorda mientras que todo canta al unísono?

Siempre se os ha dicho que el trabajo es una maldición y la labor un infortunio.

Pero yo os digo que cuando trabajáis estáis realizando una parte del más ambicioso sueño de la tierra, desempeñando así una misión que os fue asignada al nacer ese sueño.

Y al manteneros unidos al trabajo, en verdad estáis amando la vida. Y amar la vida a través del trabajo, es estar iniciado en el más íntimo secreto de la vida.

Pero si en vuestro dolor llamáis al nacer, desgracia, y al peso de la carne, maldición inscrita sobre vuestras frentes, entonces yo os contesto que sólo el sudor de vuestras frentes lavará ese estigma.

También se os ha dicho que la vida es oscuridad, y en vuestro cansancio, repetís lo que aquellos cansados os dijeran.

Y yo os digo que la vida es en verdad oscuridad, excepto donde hay un anhelo.

Y todo anhelo es ciego, excepto cuando hay saber.

Y todo saber es vano, excepto cuando hay trabajo.

Y todo trabajo es inútil, excepto cuando hay amor.

Y cuando trabajáis con amor, os integráis a vosotros mismos, y el uno al otro, y a Dios.

¿Y qué es trabajar con amor?

Es tejer la tela con hilos sacados de vuestro corazón, como si vuestro bienamado debiera vestirla.

Es construir una casa con afecto, como si vuestro bienamado debiera habitarla.

Es sembrar la semilla con ternura y cosechar el grano con alegría, como si vuestro bienamado debiera comerlo.

Es poner en todo lo que hagáis, un soplo de vuestra alma:

Sabiendo que todos los bienaventurados difuntos os rodean y os observan.

A menudo os he oído decir, como si hablarais en sueños:

Quien trabaja el mármol y halla la forma de su alma en la piedra, es más noble que aquel que labra la tierra.

Y quien alcanza el arcoiris y lo extiende sobre la tela a semejanza del hombre, es más que aquel que hace sandalias para nuestros pies.

Pero yo digo, no en sueños, sino en pleno despertar del mediodía, que el viento no habla con más dulzura a la gigantesca encina que a la más ínfima de las hierbas del bosque.

Y sólo es grande aquel que transforma la voz del viento en una canción hecha más dulce por su propio amor.

El trabajo es el amor hecho visible.

Y si no podéis trabajar con amor sino sólo con disgusto, es mejor que abandonéis el trabajo y que os sentéis a la puerta del templo a recibir la limosna de quienes laboran con alegría.

Ya que si hacéis el pan con indiferencia, hacéis un pan amargo que sólo a medias apacigua el hambre del hombre.

Y si prensáis la uva de mala gana, vuestro desgano destila veneno en el vino.

Y aunque cantéis como ángeles, si no amáis la canción, cerráis los oídos que os escuchan a las voces del día y a las voces de la noche.

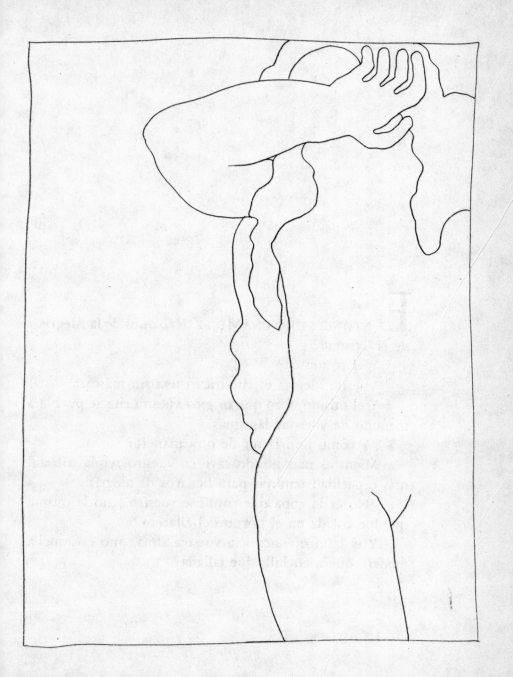

ENTONCES DIJO UNA MUJER: Háblanos de la Alegría y de la Tristeza.

Y él contestó:

Vuestra alegría es vuestra tristeza sin máscara.

Y el mismo pozo que origina vuestra risa se puebla a menudo de vuestras lágrimas.

¿Y cómo podría ser de otra manera?

Mientras más hondo cave en vuestro ser la tristeza, más capacidad tendréis para llenaros de alegría.

¿No es la copa que contiene vuestro vino la misma que fue cocida en el horno del alfarero?

Y el laúd que acaricia vuestra alma, ¿no es aquella madera que a cuchillo fue tallada?

Cuando estéis alegres, mirad profundamente en vuestro corazón y hallaréis que quien os trajo la tristeza es el mismo que os está dando alegría.

Y cuando estéis tristes, mirad de nuevo en vuestro corazón, y veréis que, en verdad, lloráis por aquello mismo que constituye vuestra delicia.

Hay entre vosotros quien dice: La alegría es más grande que la tristeza. Y otros dicen: No, la mayor es la tristeza.

Pero yo os digo que una y otra son inseparables.

Juntas llegan, y cuando una viene a sentarse a vuestra mesa, recordad que la otra, dormida, está en vuestro lecho.

En verdad, estáis suspendidos como los platillos de una balanza entre vuestra tristeza y vuestra alegría.

Yo os digo que sólo cuando estáis vacíos es cuando estáis equilibrados.

Cuando el guardián del tesoro os suspenda para pesar su oro y su plata, entonces vuestra alegría o vuestra tristeza tendrán que subir o bajar.

E ntonces avanzó un Albañil y dijo: Háblanos de las Casas.

Y él respondió, y dijo:

Construid en vuestros sueños un refugio en el desierto, antes de construir una casa en el recinto de la ciudad.

Porque al igual que retornáis al hogar llegado el crepúsculo, retorna el viajero que hay en vosotros, aquel que está siempre remoto y solo.

Vuestra casa es vuestro cuerpo más dilatado.

Ella crece bajo el sol y duerme en el silencio de la noche; y también ella sueña. ¿No sueña acaso vuestra casa? y al soñar, ¿no deja ella la ciudad para escapar al bosque o a la colina?

34

¡Ah, si yo pudiera reunir vuestras casas en mi mano y, como un sembrador, esparcirlas por los bosques y los prados!

De manera que los valles fueran vuestras avenidas, y los verdes senderos vuestras callejas, y que pudierais hallaros unos a otros entre las viñas, quedando vuestros vestidos impregnados con los perfumes de la tierra.

Pero no es el tiempo aún para estas cosas.

En su temor, vuestros antepasados os han agrupado demasiado cerca a unos con otros. Y este temor durará todavía un poco más. Y durante este tiempo, los muros de vuestras ciudades separarán vuestros hogares de vuestros campos.

Y decidme, pueblo de Orphalese, ¿qué tenéis en vuestras casas? ¿Y qué guardáis tras esas puertas cerradas?

¿Tenéis la paz, ese tranquilo impulso que revela vuestro poder?

¿Tenéis recuerdos, esos brillantes arcos que sostienen las cumbres del espíritu?

¿Tenéis la belleza, que invita al corazón a separarse de los objetos fabricados de madera y de piedra y lo orienta hacia la montaña santa?

Decidme, ¿tenéis de todo esto en vuestras casas?

¿O es que no tenéis más que el bienestar, y el ansia del

bienestar, ese furtivo deseo que llega de invitado a la casa, luego se transforma en huésped y, por último, en propietario?

Sí, y pronto llega a ser domador, y con garfios y látigo hace títeres de vuestros deseos más generosos.

Aunque de seda sean sus manos, de hierro es su corazón.

Os mece hasta dormiros, sólo para embrujar vuestro lecho y burlarse de la dignidad de vuestro cuerpo.

Se mofa de vuestros normales sentimientos y los forra y envuelve como a frágiles jarrones.

En verdad, vuestra ansia de bienestar mata las pasiones más nobles del alma, y después asiste, sonriente, a su funeral.

Pero vosotros, hijos del espacio, vosotros, los inquietos en medio del reposo, no seréis capturados ni domados.

Vuestra casa no será un ancla, sino un mástil.

No será un velo resplandeciente para cubrir una llaga, sino un párpado que proteja el ojo.

No replegaréis las alas para flanquear una puerta, ni bajaréis la cabeza para no tocar los techos, ni temeréis res-

36

pirar, ante el miedo de que los muros se agrieten y derrumben.

No habitaréis tumbas construidas por los muertos para los vivos.

Y aunque hecha con magnificencia y esplendor, vuestra casa no podrá contener vuestro secreto ni cobijar vuestra nostalgia.

Porque aquello que es infinito en vosotros, en el castillo celestial habita, su puerta es la bruma de la mañana, y sus ventanas son los cánticos y silencios de la noche.

Y DIJO UN TEJEDOR: Háblanos de la Ropa.

Y él contestó:

Vuestra ropa oculta mucho de vuestra belleza, pero no esconde lo que no es bello.

Y aunque busquéis en la vestimenta un refugio para vuestra intimidad, arriesgáis hallar en ella arneses y cadenas.

Ojalá pudieseis encarar al sol y al viento con más epidermis y menos ropa.

Porque el soplo de la vida está en la luz del sol y la mano de la vida en el viento.

Algunos entre vosotros decís: Es el viento del Norte el que ha tejido la ropa que llevamos.

Y yo digo: Sí, fue el viento del Norte,
pero la vergüenza fue su telar y la molicie su hilo.

Y terminado su trabajo, púsose a reír en el bosque.

No olvidéis que el pudor no es más que un escudo contra el ojo del impuro.

Y cuando desaparezca el impuro, ¿qué será el pudor sino un lastre y una mancha del espíritu?

Y no olvidéis que la tierra se regocija de sentir vuestros pies desnudos y que los vientos se encantan de jugar con vuestros cabellos.

Y UN COMERCIANTE DIJO: Háblanos del Comprar y del Vender.

Y él respondió:

A vosotros la tierra os ofrece sus frutos, y nada os faltaría si solamente supierais cómo llenaros las manos.

Y cambiando las dádivas de la tierra, que hallaréis en abundancia, seríais satisfechos.

Y, sin embargo, a menos que el cambio se haga con amor y con justicia, él conducirá a unos a la avidez y a otros al hambre.

Cuando vosotros, trabajadores de los campos y de los viñedos, encontréis en el mercado a los tejedores, a los alfareros y a los que cosechan especias, invocad al espíritu amo de la tierra para que descienda sobre vosotros y santifique las balanzas y los cálculos que han de comparar un valor con otro.

Y no admitáis que quienes tienen vacías las manos tomen parte en vuestras transacciones, ellos que venden sus palabras a cambio de vuestro trabajo.

A tales hombres les diréis:

Venid con nosotros al campo, o acudid al mar con nuestros hermanos y echad vuestras redes:

porque si la tierra y la mar son con nosotros generosos, también lo serán con vosotros.

Pero si vienen los cantores y los bailarines y los flautistas, comprad de sus ofrendas.

Porque también ellos son cosechadores de frutos y de incienso, y lo que aportan, aunque fabricado de ensueños, es abrigo y alimento para vuestras almas.

Y antes de abandonar el mercado, aseguraos de que nadie se retire con las manos vacías.

Porque el espíritu amo de la tierra no descansará en paz sobre el viento, hasta que las necesidades del más humilde entre vosotros no hayan sido satisfechas.

ENTONCES UNO DE LOS JUECES de la ciudad acercóse y dijo: Háblanos del Crimen y del Castigo.

Y él respondió, diciendo:

Es cuando vuestro espíritu vaga sobre el viento, que vosotros, solitarios y desprevenidos, cometéis delitos contra otros y, por lo tanto, contra vosotros mismos.

Y para obtener el perdón del mal cometido, deberéis golpear la puerta de los elegidos y esperar algún tiempo antes de que se os atienda.

Similar al océano es vuestro Yo divino:

Permanece siempre inmaculado.

Y, como el éter, él sustenta sólo aquello que es alado.

Y similar también al sol es vuestro Yo divino:

Desconoce los caminos de los topos y evita el cubil de las serpientes.

Pero vuestro Yo divino no está solo en vuestro ser.

Mucho en vosotros es aún hombre, y mucho no es aún hombre,

sino un pigmeo deforme que marcha sonámbulo en la bruma, a la búsqueda de su propio despertar.

Y ahora quiero hablaros del hombre que hay en vosotros.

Porque es él, y no vuestro Yo divino o el pigmeo que vaga en la niebla, quien conoce el crimen y el castigo del crimen.

A menudo os he oído hablar de quien comete una mala acción como si no se tratara de uno de vosotros, sino de un extranjero entre vosotros e intruso en vuestro mundo.

Pero yo os digo: Igual que el santo y el justo no pueden elevarse más arriba de lo que hay de más elevado en vosotros, igual el perverso y el débil no pueden caer más abajo de lo que hay de más bajo én vosotros.

Y de la misma manera que una sola hoja no puede ponerse amarilla sin el silencioso consentimiento de todo el árbol,

así el malhechor no podrá hacer el mal sin el consentimiento secreto de todos vosotros.

Como una procesión, así avanzáis, juntos, hacia vuestro Yo divino.

Sois el camino y también los caminantes.

Y cuando uno de vosotros cae, cae por los que le siguen, pues les ha prevenido contra la piedra traicionera.

Sí, y cae por los que le preceden, que, aunque de pies más rápidos y seguros, no se dieron tiempo para apartar ellos la piedra traicionera.

Y oíd también esto, aunque mucho deba pesar en vuestros corazones:

El asesinado es censurable por su propio asesinato.

Y el robado no está exento de culpa por haber sido robado,

y el justo no es inocente de los actos del malvado.

Sí, el culpable es, a menudo, la víctima del ofendido,

y más a menudo aún, el condenado soporta el fardo por el inocente y por el irreprochable.

No podéis separar al justo del injusto ni al bueno del malo:

porque ambos caminan juntos ante la cara del sol, igual que hilos blancos y negros que juntos fueron tejidos.

Y cuando se rompe un hilo negro, el tejedor revisa toda la tela, y examina también el telar.

Si uno entre vosotros juzga a la esposa infiel,

que pese también en la balanza el corazón del marido, y mida su propia alma con cuidado.

Y el que quiera fustigar al ofensor, que mire el alma del ofendido.

Y si uno de vosotros castiga en nombre de la rectitud y clava el hacha en el árbol del mal, que considere también las raíces;

y, en verdad, hallará las raíces del bien y del mal, del que carga frutas y del estéril, entrelazadas en el corazón silencioso de la tierra.

Y vosotros, jueces, que queréis ser justos,

¿qué juicio dictaríais contra aquel que aunque honesto en la carne es ladrón en el espíritu?

¿Qué sentencia decidiríais contra aquel que mata en la carne al tiempo que él ha sido asesinado en el espíritu?

¿Y cómo procesaríais a aquel que en sus actos es impostor y opresor, pero él, a su vez, ha sido agraviado y ultrajado?

¿Y cómo castigaríais a aquel cuyos remordimientos son aún mayores que sus fechorías?

¿Acaso el remordimiento no es la justicia impartida por aquella misma ley que queréis servir?

Sin embargo, no podéis inculcar el remordimiento al inocente, ni quitarlo del corazón culpable.

Se pondría a dar gritos en la noche para que los hombres despertasen y fijasen en sí mismos la mirada.

Y vosotros, que queréis comprender la justicia, ¿cómo lo lograréis a menos que todo lo miréis a plena luz?

Solamente entonces sabréis que el justo y el caído no son más que un solo hombre vagando en el crepúsculo, entre la noche de su Yo pigmeo y el día de su Yo divino,

Y que la piedra angular del templo no es superior a la más enterrada piedra de sus cimientos.

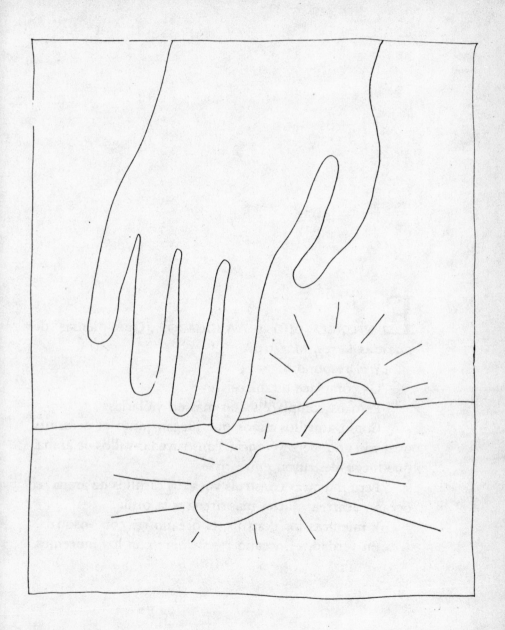

Entonces dijo un Abogado; ¿Qué piensas de nuestras Leyes, Maestro?

Y él respondió:

Os complace establecer leyes,

Pero os complacéis aún más en violarlas.

Como aquellos niños que juegan junto al océano y que, con gran perseverancia, construyen castillos de arena, que luego destruyen entre risas.

Pero mientras construís vuestros castillos de arena, el océano acarrea mucha más arena a la orilla.

Y mientras los destruís, el océano ríe con vosotros.

En verdad, el océano ríe siempre con los inocentes.

¿Pero qué decir de aquellos para quienes la vida no es un océano, ni las leyes del hombre castillos de arena,

Aquellos para quienes la vida es una piedra, y la ley un cincel con el cual quieren esculpirla a su propia semejanza?

¿Qué decir del inválido que odia a los bailarines?

¿Y del buey que ama su yugo y considera a los gamos y venados del bosque como criaturas perdidas y vagabundas?

¿Y de la vieja serpiente que ya no puede cambiar de piel y califica a las demás de desnudas e impúdicas?

¿Y de aquel que llega temprano a la boda y después se marcha repleto y cansado, diciendo que todo festín es un delito y todo anfitrión un culpable?

¿Qué diré de todos éstos, sino que también ellos se mantienen en la luz del sol, pero con la espalda vuelta hacia él?

Ven solamente sus sombras, y sus sombras son sus leyes.

¿Y qué es para ellos el sol sino un creador de sombras?

¿Y qué significa reconocer las leyes sino inclinarse y dibujar esas sombras sobre la tierra?

Pero vosotros, que marcháis rostro al sol, ¿qué imágenes dibujadas sobre la tierra podrían deteneros?

A vosotros, que viajáis con el viento, ¿qué veleta orientará vuestro curso?

¿Qué ley humana podrá deteneros cuando quebréis vuestro yugo, si no lo hacéis contra la puerta de ninguna prisión humana?

¿A qué leyes temeréis si danzáis sin tropezar en ninguna cadena hecha por el hombre?

¿Y quién podrá llevaros a juicio si os rasgáis vuestras vestiduras, sin abandonarlas en los caminos ajenos?

Pueblo de Orphalese, podréis enfundar el tambor y aflojar las cuerdas de la lira, pero ¿quién podrá prohibirle a la alondra que cante?

Y DIJO UN ORADOR: Háblanos de la Libertad.

Y él respondió:

A las puertas de la ciudad y en vuestros hogares, os he visto prosternaros y adorar vuestra propia libertad,

como esclavos que se humillan delante de un tirano y le glorifican mientras éste les destruye.

Sí, en el atrio del templo y a la sombra de la ciudadela, he visto a los más libres entre vosotros llevar su libertad como un yugo y como grilletes.

Y sangró mi corazón: porque sólo podréis ser libres cuando hasta el mismo deseo de buscar la libertad se convierta en vosotros en yugo, y cuando ceséis de hablar de la libertad como una meta y un fin.

Seréis libres, en verdad, no cuando en vuestros días desaparezca la preocupación y en vuestras noches no haya un deseo ni un dolor, sino más bien, cuando todo aquello aprisione vuestra vida y seáis capaces de elevaros sobre ello, desnudos y sin trabas.

¿Y cómo os alzaréis por encima de vuestros días y de vuestras noches, si no rompéis las cadenas con que habéis cargado vuestro mediodía desde el alba de vuestro entendimiento?

En verdad, lo que llamáis libertad es la más fuerte de estas cadenas, aunque sus eslabones brillen al sol y os encandilen.

¿Y qué queréis rechazar para llegar a ser libres sino fragmentos de vosotros mismos?

Si es una ley injusta la que queréis abolir, recordad que esa ley fue escrita por vuestra propia mano sobre vuestra propia frente.

No podréis borrarla quemando vuestros códigos ni lavando las frentes de vuestros jueces, aunque sobre ellos vertieseis la mar entera.

Y si al que queréis destronar es a un déspota, mirad

primero si su trono está bien destruido dentro de vosotros mismos.

Porque, ¿cómo puede un tirano dominar a los libres y a los altivos si no hay tiranía en la libertad de ellos ni vergüenza en su altivez?

Y si es una inquietud la que queréis rechazar, esta inquietud ha sido más bien acogida por vosotros que impuesta por alguien.

Y si es un temor el que queréis disipar, el centro de este temor está en vuestro corazón y no en la mano que teméis.

En verdad, todas las cosas se mueven en vuestro ser íntimo en un constante ir y venir, las que deseáis y las que recházáis, las que os repugnan y las que os atraen, las que perseguís y aquéllas de las cuales huís.

Estas cosas se mueven en vosotros como luces y sombras, en parejas estrechamente unidas.

Y cuando la sombra se desvanece y desaparece, la luz que en ella permanecía se convierte en la sombra de otra luz.

Y de esta manera, cuando vuestra libertad pierde sus trabas, conviértese en traba de una libertad mayor

Y LA SACERDOTISA habló nuevamente y dijo: Háblanos de la Razón y de la Pasión.

Y él respondió diciendo:

Vuestra alma es, con frecuencia, un campo de batalla donde vuestra razón y vuestro juicio combaten contra vuestras pasiones y vuestros apetitos.

Ojalá pudiera yo ser el pacificador de vuestras almas, y transformar la discordia y la rivalidad de vuestros elementos en unidad y armonía.

Pero, ¿cómo podría yo hacerlo a menos que vosotros mismos fuerais también pacificadores, y mejor aún, amantes de todos vuestros elementos?

Vuestra razón y vuestra pasión son timón y velamen de vuestra alma navegante.

Si vuestras velas o vuestro timón se rompen, sólo podréis navegar a la deriva o permanecer inmóviles en medio del mar.

Porque la razón, si por sí sola reina, restringe todo impulso; y la pasión, abandonada a sí misma, es un fuego que arde hasta su propia destrucción.

Por lo tanto, que vuestra alma eleve vuestra razón a la altura de vuestra pasión, y así esta última podrá cantar; y que dirija vuestra pasión para que ella pueda vivir una resurrección cotidiana y, como el fénix, renazca de sus propias cenizas.

Quisiera que trataseis a vuestro juicio y a vuestros apetitos como trataríais a dos huéspedes queridos en vuestra casa.

Ciertamente no honraríais más a un huésped que al otro; porque quien procura tratar a uno de los dos, pierde el amor y la confianza de ambos.

Entre las colinas, cuando os sentéis a la sombra fresca de los álamos blancos, compartiendo la paz y la serenidad de los campos y de los prados lejanos, entonces, que vuestro corazón diga en silencio: Dios reposa en la Razón.

Y cuando el bramido de la tempestad y el viento poderoso sacudan los bosques, y el trueno y el relámpago proclamen la majestad de los cielos, entonces, que vuestro corazón diga con temor y respeto: Dios actúa en la Pasión.

Y ya que sois un soplo en la esfera de Dios y una hoja en el bosque de Dios, también vosotros deberíais reposar en la razón y actuar en la pasión.

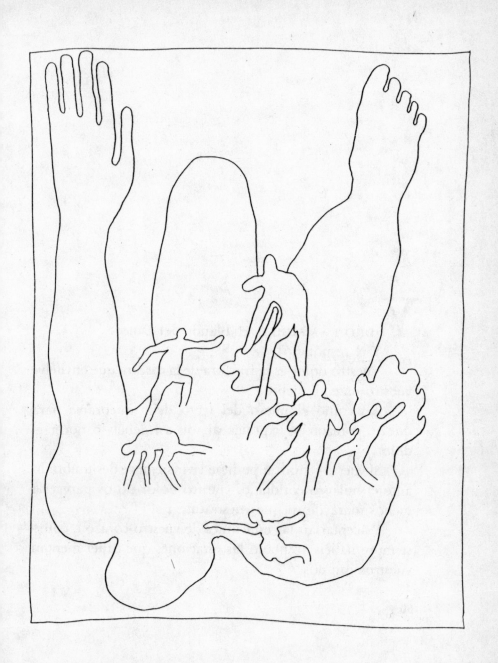

Y DIJO UNA MUJER: Háblanos del Dolor.

Y él respondió:

Vuestro dolor es la fractura de la cáscara que envuelve vuestro entendimiento.

Así como el hueso del fruto debe quebrarse para que su corazón se exponga al sol, así debéis conocer el dolor.

Si vuestro corazón pudiese vivir siempre deslumbrado ante el milagro cotidiano, vuestro dolor no os parecería menos maravilloso que vuestra alegría.

Y aceptaríais las estaciones de vuestro corazón, como siempre habéis aceptado las estaciones que experimentan vuestros campos.

Y contemplaríais serenamente los inviernos de vuestra aflicción.

Gran parte de vuestro sufrimiento es por vosotros mismos escogido.

Es la amarga poción con la cual el médico que se oculta en vosotros cura a vuestro Yo doliente.

Confiad, por lo tanto, en el médico, y bebed su medicina en silencio y tranquilidad:

Porque su mano, aunque pesada y dura, está guiada por la suave mano del Invisible.

Y la copa que Él os ofrece, aunque quema vuestros labios, fue modelada con la arcilla que el Alfarero humedeció con Sus lágrimas sagradas.

Y UN HOMBRE DIJO: Háblanos del Conocimiento de Sí Mismo.

Y él respondió, diciendo:

Vuestro corazón conoce en silencio los secretos de los días y de las noches.

Mas vuestros oídos ansían oír lo que vuestro corazón sabe.

Deseáis conocer en palabras aquello que siempre conocisteis en pensamiento.

Deseáis tocar con los dedos el cuerpo desnudo de vuestros sueños.

Y es bueno que así deseéis.

La fuente secreta de vuestra alma necesita brotar y correr, murmurando, hacia la mar.

Y el tesoro de vuestras profundidades ilimitadas necesita revelarse a vuestros ojos.

Pero no uséis balanzas para pesar vuestros tesoros desconocidos.

Y no procuréis explorar las profundidades de vuestro conocimiento con varas ni con sondas.

Porque vuestro Yo es un mar sin límites y sin medidas.

No digáis: Encontré la verdad. Decid mejor: Encontré una verdad.

No digáis: Encontré el camino del alma. Decid mejor: Encontré el alma andando por mi camino.

Porque el alma anda por todos los caminos.

El alma no marcha en línea recta ni crece como una caña.

El alma se despliega, como un loto de innumerables pétalos.

Entonces un Profesor dijo: Háblanos de la Enseñanza.

Y él dijo:

Ningún hombre podrá revelaros nada sino lo que ya está medio adormecido en la aurora de vuestro entendimiento.

El maestro que pasea a la sombra del templo, rodeado de discípulos, nada da de su sabiduría, mas sí de su fe y de su ternura.

Si es verdaderamente sabio, no os convidará a entrar en la mansión de su saber, sino antes os conducirá al umbral de vuestra propia mente.

El astrónomo podrá hablaros de su comprensión del espacio, mas no podrá daros su comprensión.

El músico podrá cantar para vosotros el ritmo que existe en todo el Universo, mas no podrá daros el oído que capta la melodía, ni la voz que la repite.

Y el versado en la ciencia de los números podrá hablaros del mundo de los pesos y de las medidas, pero no podrá llevaros hasta él.

Porque la visión de un hombre no presta sus alas a otro hombre.

Y así como cada uno de vosotros se mantiene solo en el conocimiento de Dios, así cada uno de vosotros debe tener su propia comprensión de Dios y su propia interpretación de las cosas de la tierra.

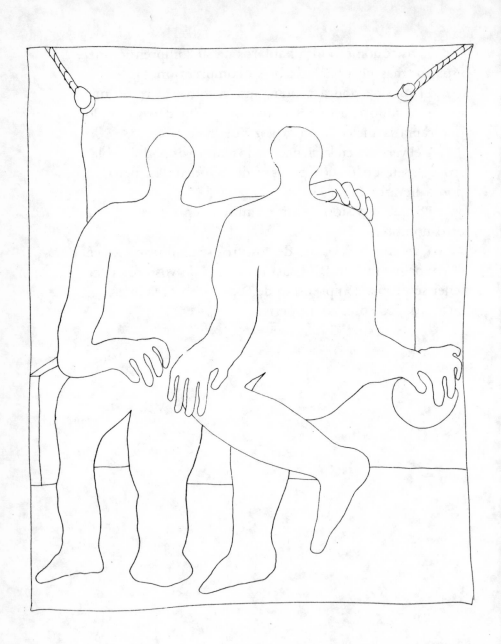

Y UN ADOLESCENTE dijo: Háblanos de la Amistad.

Y él respondió, diciendo:

Vuestro amigo es a la medida de vuestras necesidades.

Él es el campo que sembráis con cariño y cosecháis con agradecimiento.

Es vuestra mesa y el fuego de vuestro hogar.

Pues vais a él con vuestra hambre y lo buscáis en procura de paz.

Cuando vuestro amigo manifiesta su pensamiento, no teméis el "no" de vuestra propia opinión, ni ocultáis el "sí".

Y cuando él se calla, vuestro corazón continúa escuchando a su corazón.

Porque en la amistad, todos los deseos, ideas, esperanzas, nacen y son compartidas sin palabras, en una alegría silenciosa.

Cuando os separéis de vuestro amigo, no os aflijáis.

Pues lo que amáis en él puede tornarse más claro en su ausencia, como para el alpinista aparece la montaña más clara, vista desde la planicie.

Y que no haya otra finalidad en la amistad que no sea la maduración del espíritu.

Pues el amor que procura otra cosa que no sea la revelación de su propio misterio no es amor, sino una red tendida, y sólo lo inútil será en ella atrapado.

Y que lo mejor de vosotros mismos sea para vuestro amigo.

Si él debe conocer el flujo de vuestra marea, que conozca también su reflujo.

Pues, ¿qué será de vuestro amigo si sólo le buscáis para matar el tiempo?

Buscadle siempre para las horas vivas.

Pues el papel del amigo es el de henchir vuestras necesidades, y no vuestro vacío.

Y en la dulzura de la amistad, que haya risa y compartir de placeres.

Pues en el rocío de las pequeñas cosas, el corazón encuentra su amanecer y halla su frescor.

Entonces dijo un Literato: Háblanos de la Conversación.

Y él le respondió:

Vosotros conversáis cuando dejáis de estar en paz con vuestros pensamientos.

Y cuando no podéis vivir más en la soledad de vuestro corazón, procuráis vivir en vuestros labios, y halláis entonces diversión y pasatiempo en las vibraciones que emitís.

Y en gran parte de vuestras conversaciones, el pensamiento es a medias asesinado.

Pues el pensamiento es un ave del espacio que, en una jaula de palabras, puede abrir sus alas, pero no puede volar.

Hay entre vosotros quienes buscan a los habladores, por miedo a la soledad.

La quietud de la soledad les revela su Yo desnudo, del que prefieren escapar.

Y hay aquellos que hablan y, sin saberlo ni preverlo, aciertan con una verdad que ellos mismos no comprenden.

Y hay aquellos que poseen la verdad dentro de sí, mas no la expresan en palabras.

En lo íntimo de estos últimos, habita el espíritu en un rítmico silencio.

Cuando encontréis a vuestro amigo en la calle o en el mercado, dejad que el espíritu que está en vosotros ponga en movimiento vuestros labios y dirija vuestra lengua.

Y que la voz oculta en vuestra voz hable al oído de su oído.

Pues su alma conservará la verdad de vuestro corazón, como se recuerda el sabor del vino

aun después que su color se haya desvanecido, y que su copa haya desaparecido.

Y UN ASTRÓNOMO dijo: Maestro, ¿qué nos dices del Tiempo?

Y él respondió:

Quisierais medir el tiempo, lo ilimitado y lo inconmensurable.

Quisierais ajustar vuestro comportamiento y hasta regir el curso de vuestras almas de acuerdo con las horas y las estaciones.

Del tiempo quisierais hacer un río, a cuyo margen os sentaríais a observar correr las aguas.

Sin embargo, lo que en vosotros escapa al tiempo sabe que la vida también escapa al tiempo.

Y sabe que el hoy no es más que el recuerdo del ayer y el mañana, el sueño de hoy.

Y aquello que canta y medita en vosotros aún mora en aquel primer momento en que las estrellas fueron sembradas en el espacio.

¿Quién, entre vosotros, no siente que su poder de amar es ilimitado?

Y, sin embargo, ¿quién no siente ese amor, aunque ilimitado, circunscrito dentro de su propio ser, y no yendo de un pensamiento amoroso a otro, ni de un acto de amor a otro?

¿Y no es el tiempo, exactamente como el amor, indivisible e insondable?

Sin embargo, si en vuestros pensamientos debéis dividir el tiempo en estaciones, que cada estación envuelva a todas las otras estaciones.

Y que vuestro presente abrace el pasado con nostalgia y al futuro con ansia y cariño.

Y UNO DE LOS ANCIANOS de la ciudad dijo: Háblanos del Bien y del Mal.

Y él respondió:

Del bien que hay en vosotros, podré hablar, mas no del mal.

Pues ¿qué es el mal sino el propio bien torturado por su hambre y por su sed?

En verdad, cuando el bien siente hambre, procura alimentarse hasta en nuestros oscuros antros, y cuando siente sed, se sacia hasta en las aguas estancadas.

Sois buenos cuando os identificáis con vosotros mismos.

Sin embargo, cuando no os identificáis con vosotros mismos, no sois malos.

Pues una casa que se divide no se torna en antro de ladrones; es, apenas, una casa dividida.

Y un navío sin timón puede navegar sin rumbo entre arrecifes peligrosos, y no hundirse.

Vosotros sois buenos cuando os esforzáis por dar de vosotros mismos.

Sin embargo, no sois malos cuando os limitáis a buscar el lucro.

Porque, cuando lucháis por el lucro, sois simplemente raíces que se agarran a la tierra y se alimentan de su seno.

Ciertamente, el fruto no puede decir a la raíz: Sé como yo, maduro y pleno, y siempre pródigo de tu abundancia.

Pues, para la fruta, dar es una necesidad, como para la raíz, recibir es una necesidad.

Vosotros sois buenos cuando habláis con plena conciencia.

Sin embargo, no sois malos cuando os adormecéis mientras vuestra lengua tartamudea sin propósito.

Y hasta un discurso vacilante puede fortalecer a una lengua débil.

Vosotros sois buenos cuando avanzáis hacia vuestro objetivo, firmemente y con pasos intrépidos.

Sin embargo, no sois malos cuando avanzáis hacia él cojeando.

Aun aquellos que cojean no andan hacia atrás.

Pero vosotros que sois fuertes y veloces, guardaos de cojear por complacencia en la presencia de los cojos.

Sois buenos de innumerables maneras, y no sois malos cuando no sois buenos.

Sois apenas ociosos e indolentes.

Lástima que las gacelas no puedan enseñar su velocidad a las tortugas.

En vuestra ansia por alcanzar vuestro Yo-gigante está vuestra bondad; y esa ansia está en todos vosotros.

Mas en algunos, esa ansia es un torrente que se precipita impetuosamente hacia la mar, arrastrando los secretos de las colinas y las canciones de los bosques.

En otros, es una corriente perezosa que se pierde en meandros, y serpentea, arrastrándose, antes de alcanzar la costa.

Sin embargo, que aquel que mucho desea se guarde de decir a aquel que desea poco: ¿Por qué vas lento y atrasado?

Porque quien es verdaderamente bueno no pregunta al desnudo: ¿Dónde está tu ropa? ni al que no tiene hogar: ¿Qué ocurrió con tu casa?

E NTONCES DIJO UNA SACERDOTISA: Háblanos de la Oración.

Y él respondió, diciendo:

Vosotros rezáis en vuestras aflicciones y necesidades; podríais también rezar en la plenitud de vuestra alegría y en los días de abundancia.

Pues ¿qué es la oración sino la expansión de vuestro ser en el éter viviente?

Y si constituye un alivio exhalar vuestras tinieblas al espacio, mayor alivio sentiréis cuando exhaléis la aurora de vuestro corazón.

Y si no podéis retener vuestras lágrimas cuando vuestra alma os llama a orar, ella os debería aguijonear una y

77

otra vez, aun llorando, hasta que aprendieseis a orar con alegría.

Cuando rezáis, os eleváis hasta encontrar, en las alturas, a aquellos que oran a la misma hora, y que, fuera de la oración, tal vez nunca los habríais encontrado.

Por lo tanto, que vuestra visita a ese templo invisible no tenga otra finalidad sino el éxtasis y la dulce comunicación.

Pues si penetráis en el templo únicamente para pedir, nada recibiréis.

Y si sólo entráis para inclinaros, nadie os erguirá.

Y hasta si ahí fuerais para mendigar favores para otros, no seréis atendidos.

Que os baste entrar en el templo invisible.

No puedo enseñaros a rezar con palabras.

Dios no escucha vuestras palabras, excepto cuando es Él mismo quien las pronuncia a través de vuestros labios.

Y no puedo enseñaros la oración de la mar y de los bosques y de las montañas.

Pero vosotros que nacisteis en las montañas y en los bosques y en los mares, podréis encontrar sus preces en vuestro corazón.

Y si solamente escucharais en la quietud de la noche, los oiríais diciendo en silencio:

"Dios nuestro, que eres nuestro Yo alado, es Tu voluntad la que en nosotros quiere.

Es tu deseo el que en nosotros desea.

Es tu impulso en nosotros quien puede transformar nuestras noches, que tuyas son, como también los días te pertenecen.

Nada te podemos pedir, pues Tú conoces nuestras necesidades aun antes que nazcan en nosotros.

Tú eres nuestra necesidad; y dándonos más de Ti, Tú nos das todo."

E NTONCES, UN ERMITAÑO que visitaba la ciudad una
vez por año, acercóse y dijo: Háblanos del Placer.

Y él respondió, diciendo:

El placer es una canción de libertad,
      mas no es la libertad.

Es el florecer de vuestros deseos,
      mas no es su fruto.

Es un abismo que clama a una cumbre,
      mas no es ni el abismo ni la cumbre.

Es el enjaulado que gana el espacio,
      mas no es el espacio lo que le envuelve.

Sí, en verdad, el placer es una canción de libertad.

Y de buena gana os la oiría cantar con todo el corazón; sin embargo, no me gustaría que perdieseis vuestro corazón al cantarla.

Algunos de vuestros jóvenes buscan el placer como si lo fuera todo en la vida, y son condenados y castigados.

Yo preferiría no condenarlos ni castigarlos, sino dejarlos que busquen.

Pues encontrarán el placer, pero no solo.

Siete son sus hermanas, y la última entre ellas es más bella que el placer.

¿No oísteis hablar del hombre que cavaba la tierra en busca de raíces y descubrió un tesoro?

Y algunos de vuestros ancianos recuerdan sus placeres con remordimiento, como si fuesen errores cometidos en un estado de embriaguez.

Pero el remordimiento es la noche del alma, y no su castigo.

Deberían, antes, recordar sus placeres con gratitud, como recordarían una cosecha de verano.

No obstante, si hallan consuelo en el remordimiento, dejémosles que se remuerdan.

Y hay en vosotros quienes no son jóvenes para buscar, ni ancianos para recordar.

Y en su temor de buscar y de recordar, desprecian todos los placeres por miedo de ahuyentar u ofender al espíritu.

Sin embargo, en su renuncia está su placer.

Y así, ellos también descubren un tesoro mientras cavan con manos trémulas en busca de raíces.

Mas, decidme, ¿quién es el que puede ofender al espíritu?

¿Ofende el ruiseñor a la quietud de la noche, o la libélula a las estrellas?

¿Y podrá vuestra llama o vuestro humo afectar al viento?

¿Creéis que el espíritu es un pozo tranquilo que podéis perturbar con un cayado?

Muchas veces, al negaros un placer, nada más hacéis que reprimir vuestro deseo en los repliegues de vuestro Yo.

¿Y quién sabe si lo que hoy parece reprimido no aparecerá mañana?

Hasta vuestro cuerpo conoce su herencia y sus derechos, y nada podréis hacer por eludirlos.

Y vuestro cuerpo es el arpa de vuestra alma.

Y de vosotros depende si arrancáis de él música melodiosa o ruidos disonantes.

Y ahora os preguntáis en vuestro corazón: ¿Cómo distinguiremos lo que es bueno en el placer de lo que es malo?

Id, pues, a vuestros campos y a vuestros jardines y, ahí, aprenderéis que el placer de la abeja es chupar la miel de la flor.

Y que también es placer de la flor entregar su miel a la abeja.

Pues, para la abeja, una flor es una fuente de vida.

Y para la flor, una abeja es una mensajera de amor.

Y para ambas, la abeja y la flor, dar y recibir placer es una necesidad y un éxtasis.

Pueblo de Orphalese, en vuestros placeres, imitad a las flores y a las abejas.

Y UN POETA dijo: Háblanos de la Belleza.

Y él respondió:

¿Dónde buscaréis la belleza y cómo la podréis hallar a menos que ella misma sea vuestro camino y vuestro guía?

¿Y cómo podréis hablar de ella a menos que ella misma teja vuestras palabras?

Los afligidos y los heridos dicen: La belleza es amable y suave.

Como una joven madre, algo ruborizada de su gloria, ella camina entre nosotros.

Los apasionados dicen: No, la belleza es una fuerza poderosa y temible.

Como las tempestades, ella sacude la tierra bajo nuestros pies y el cielo sobre nuestras cabezas.

Los fatigados y los agobiados dicen: La belleza es un murmullo suave. Ella habla en nuestro espíritu.

Su voz llega a nuestro silencio como una luz tenue que tiembla de miedo en la sombra.

Pero los turbulentos dicen: Nosotros la hemos oído gritar entre las montañas.

Y sus gritos convocaban tropeles de caballos, batir de alas y el rugir de leones.

En la noche, los guardias de la ciudad dicen: La Belleza despuntará en el Oriente, como la aurora.

Y, al mediodía, los trabajadores y los caminantes dicen: Nosotros la hemos visto inclinada sobre la tierra, desde las ventanas del Poniente.

En invierno, los prisioneros de la nieve, dicen: Ella vendrá con la primavera, brincando sobre las colinas.

Y en el calor del verano, los segadores dicen: Nosotros la vimos danzar con las hojas del otoño, y había nieve en su cabello.

Todas estas cosas decíais de la belleza.

Pero, en verdad, nada hablasteis de ella, sino de deseos insatisfechos.

Y la belleza no es un deseo, sino un éxtasis.

No es una boca sedienta, ni una mano vacía que se extiende.

Sino un corazón inflamado y un alma encantada.

Ella no es la imagen que quisierais ver, ni la canción que quisierais oír.

Más bien, es una imagen que contempláis con los ojos cerrados, y una canción que oís con los oídos tapados.

Ella no es la savia bajo la arrugada corteza, ni un ala atada a una garra.

Mas sí, un jardín siempre en flor, y una multitud de ángeles siempre en vuelo.

Pueblo de Orphalese, la belleza es la vida cuando la vida revela su rostro sagrado.

Mas vosotros sois la vida, y vosotros sois el velo.

La belleza es la eternidad contemplándose a sí misma en un espejo.

.Mas vosotros sois la eternidad, y vosotros sois el espejo.

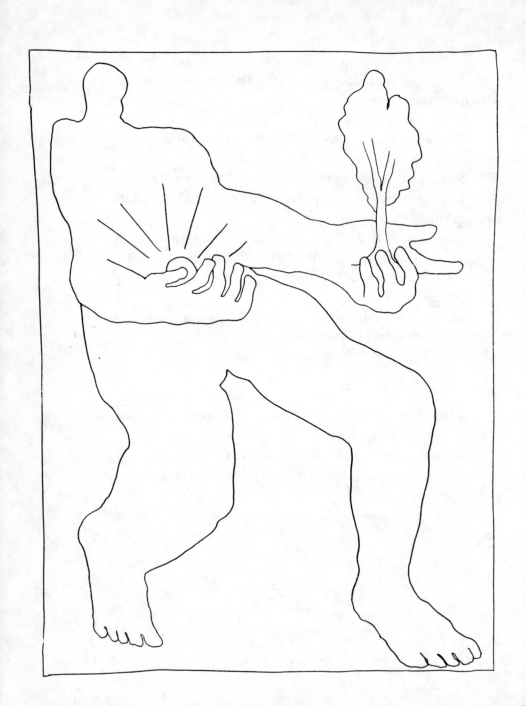

Y UN ANCIANO SACERDOTE dijo: Háblanos de la Religión.

Y él dijo:

¿Es que he hablado de otra cosa hoy?

¿No es la religión todos nuestros actos y reflexiones?

¿Y todo lo que no es acto ni reflexión, sino aquel asombro y aquella sorpresa que permanentemente brotan del alma, aun cuando las manos tallan la piedra o manejan el telar?

¿Quién puede separar su fe de sus actos, o su creencia de sus afanes?

¿Quién puede extender sus horas delante de sí,

diciendo: Ésta es para Dios, y ésa es para mí; ésta es para mi alma, y ésa es para mi cuerpo?

Todas vuestras horas son alas que baten a través del espacio, pasando de un Yo a otro.

Aquel que viste su moralidad como viste sus mejores ropas, mejor sería que anduviese desnudo.

El viento y el sol no abrirán agujeros en su piel.

Y aquel que guía su conducta por la ética, encarcela a su pájaro cantor en una jaula.

La más libre canción no cruza a través de barras y alambres.

Y aquel para quien la adoración es una ventana que ha de abrir, pero que también ha de cerrar, no ha visitado aún el santuario de su alma, cuyas ventanas permanecen abiertas de aurora a aurora.

Vuestra vida cotidiana es vuestro templo y vuestra religión.

Cuantas veces entréis en ella, llevad con vosotros todo vuestro ser.

Llevad el arado, la fragua, el martillo y la lira.

Todas las cosas que modelasteis por necesidad o por placer.

Pues en vuestros sueños, no podéis elevaros por encima de vuestras realizaciones ni caer por debajo de vuestros fracasos.

Y llevad con vosotros a todos los hombres.

Pues en vuestra adoración, no podéis volar por encima de sus esperanzas ni descender por debajo de su desesperación.

Y si queréis conocer a Dios, no busquéis transformaros en descifradores de enigmas.

Mirad, mejor, a vuestro alrededor y Le encontraréis saltando con vuestros hijos.

Y abrid vuestros ojos al espacio y Le veréis caminando por las nubes, extendiendo sus brazos en el relámpago y descendiendo en la lluvia.

Y Le veréis sonriendo en las flores y agitando las manos en los árboles.

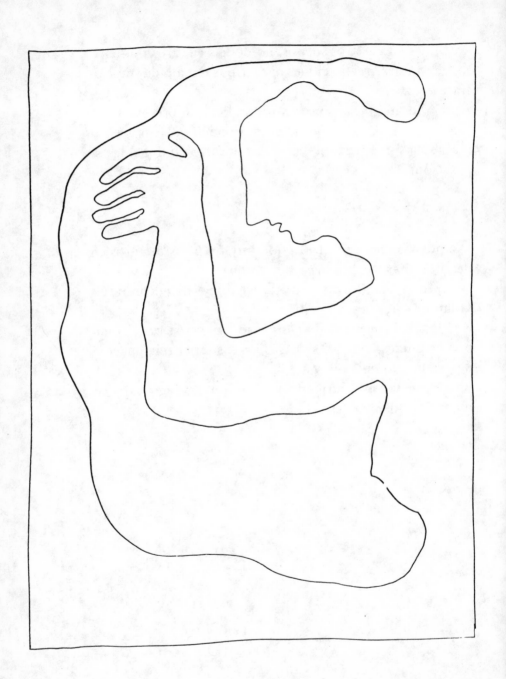

E NTONCES ALMITRA HABLÓ, diciendo: Nos gustaría preguntarte acerca de la Muerte.

Y él dijo:

Querríais conocer el secreto de la muerte.

¿Pero cómo podríais descubrirlo si no lo buscáis en el corazón de la vida?

La lechuza, cuyos ojos, hechos para la noche, están velados para el día, no puede descubrir el misterio de la luz.

Si queréis realmente contemplar el espíritu de la muerte, abrid de par en par las puertas de vuestro corazón al cuerpo de la vida.

Pues la vida y la muerte son una misma cosa, como el río y el mar son una misma cosa.

En la profundidad de vuestras esperanzas y aspiraciones duerme vuestro silencioso conocimiento del más allá.

Y como semillas soñando bajo la nieve, así vuestro corazón sueña con la primavera.

Confiad en los sueños, pues en ellos se ocultan las puertas de la eternidad.

Vuestro temor de la muerte es semejante al temor de los pastores cuando se encuentran delante del rey, y este último extiende la mano en señal de agasajo.

¿No se regocija el pastor, a pesar de su temor, de recibir el agasajo del rey?

Sin embargo, ¿no está él más atento a su temor que a la distinción recibida?

Por lo tanto, ¿qué es morir sino exponerse, desnudo, a los vientos y a disolverse en el sol?

¿Y qué es cesar de respirar sino liberar al aliento de sus mares agitados, a fin de que se levante y se expanda y busque a Dios libremente?

Y sólo cuando bebiereis del río del silencio podréis realmente cantar.

Y sólo cuando alcancéis la cumbre de la montaña empezaréis a subir.

Y cuando la tierra recupere vuestros miembros podréis verdaderamente danzar.

E NTONCES YA ERA DE NOCHE.

Y Almitra, la vidente, dijo: Bendito sea este día y este lugar y tu espíritu que nos ha hablado.

Y él respondió: ¿Fui yo realmente quien habló? ¿No era yo también un oyente?

Entonces él descendió las gradas del Templo, y toda la multitud le siguió. Y cuando llegó a su navío, subió a cubierta.

Y volviéndose nuevamente hacia la multitud, alzó la voz y dijo:

Pueblo de Orphalese, el viento me invita a dejaros.

Sin embargo, no es mi prisa tanta como la del viento, pero debo partir.

Nosotros, los errantes, que andamos siempre a la búsqueda del camino más solitario, jamás iniciamos un día donde hemos terminado el día anterior.

Nunca la aurora nos encuentra donde el poniente nos dejó.

Aun cuando la tierra duerme, nosotros viajamos.

Somos las semillas de una planta tenaz, y cuando maduramos y alcanzamos nuestra plenitud de corazón, el viento se apodera de nosotros y nos dispersa.

Breves fueron mis días entre vosotros, y más breves aún las palabras que pronuncié.

Mas si un día mi voz se desvanece en vuestros oídos, y si mi amor se evapora de vuestra memoria, entonces volveré a vosotros.

Y con un corazón más fecundo y labios más obedientes a la voz del espíritu, os hablaré de nuevo.

Sí, volveré con la marea.

Y aunque la muerte me oculte, y el gran silencio me envuelva, buscaré nuevamente vuestra comprensión.

Y no la buscaré en vano.

Si algo de lo que os dije es verdad, esa verdad os será

revelada con voz más sonora y con palabras más accesibles a vuestro entender.

Me voy con el viento, pueblo de Orphalese, pero no descenderé al vacío de la nada.

Y si este día no vio el cumplimiento de vuestras aspiraciones y de mi amor, quede al menos como una promesa de un encuentro futuro.

Transfórmanse las necesidades del hombre, pero no su amor, ni su deseo de ver sus necesidades satisfechas por su amor.

Sabed, entonces, que volveré del centro del silencio supremo.

La neblina, que desaparece al alba, dejando solamente el rocío sobre nuestros campos, se eleva, se condensa en una nube y cae sobre la tierra como lluvia.

Y nada diferente de la neblina hay en mí.

En la calma de la noche he paseado por vuestras calles, y mi espíritu penetró en vuestras casas.

El palpitar de vuestros corazones repercutía en mi corazón, y vuestro aliento flotaba sobre mi rostro, y así os conocí a todos.

Sí, conocí vuestras alegrías y vuestras amarguras; y cuando dormíais, vuestros sueños eran mis sueños.

Y muchas veces estuve entre vosotros como un lago en medio de las montañas.

Y mis aguas reflejaban las cumbres que se elevaban entre vosotros y los abismos escarpados y los rebaños errantes de vuestros pensamientos y de vuestros deseos.

Y a mi silencio afluían, como torrentes, las risas de vuestros pequeños y, como ríos, los anhelos de vuestros adolescentes.

Y cuando alcanzaban el fondo de mi profundidad, los torrentes y los ríos continuaban cantando.

Y aun, veía en mí algo más tierno que la risa y más grande que los anhelos:

Era lo ilimitado que hay en vosotros.

El inmenso hombre del cual sois meras células y músculos.

Él, en cuyo cántico, todas vuestras canciones no son más que murmullos indistintos.

Es en ese hombre grandioso que vosotros sois grandiosos.

Y fue al contemplarle que aprendí a contemplaros y amaros.

Pues ¿qué distancias puede cruzar el amor, que no estén contenidas en esta inmensa esfera?

¿Qué visiones, qué esperanzas, qué presunciones pueden elevarse por encima de ese vuelo?

Como un roble gigante recubierto de flores de manzano, así es el hombre inmenso que está en vosotros.

Su potencia os ata a la tierra, su fragancia os eleva al espacio, y su durabilidad os da la inmortalidad.

Se os ha dicho que, como una cadena, sois tan frágiles como vuestro eslabón más frágil.

Esa es solamente la mitad de la verdad. Vosotros sois, también, tan fuertes como vuestro eslabón más fuerte.

Mediros por vuestras pequeñeces equivale a valorar el poder del océano por la inconsistencia de su espuma.

Juzgaros por vuestros fracasos es como culpar a las estaciones por su inconstancia.

Sí, sois como un océano.

Y aunque los navíos encallados en vuestras costas esperan el flujo de la marea, nada podéis hacer por apresurar vuestro flujo.

Y sois también como las estaciones.

Y aunque en vuestro invierno neguéis la primavera, ella, que reposa dentro de vosotros, sonríe en su letargo y no se siente ofendida.

No penséis que digo estas cosas para que os digáis uno al otro: Éste nos elogió demasiado. Éste sólo vio nuestras cualidades.

Yo solamente expreso en palabras lo que ya sabíais en pensamiento.

¿Y qué es el saber expresado en palabras, sino la sombra del saber sin palabras?

Vuestros pensamientos y mis palabras son ondas que surgen de una memoria sellada que guarda el grabado de vuestro pasado.

Y de los días en que la Tierra nos ignoraba e ignorábase a sí misma.

Y de las noches en que la Tierra fue creada en medio del caos.

Muchos sabios han venido a ofreceros su sabiduría. Yo vine a tomar de vuestra sabiduría.

Y hallé algo que es superior a la sabiduría:

Un espíritu de fuego que se alimenta de sí mismo y crece constantemente.

En tanto que vosotros, desatentos a ese crecimiento, deploráis la consumación de vuestros días.

Es la vida en busca de la vida en cuerpos temerosos de la sepultura.

No hay sepulturas por aquí.

Estas montañas y planicies son cunas y trampolines.

Cada vez que paséis por el campo donde enterrasteis a

vuestros antepasados, miradlos bien y os veréis a vosotros y a vuestros hijos danzando con las manos enlazadas.

En verdad, os regocijáis muchas veces sin saberlo.

Otros han venido a buscaros, y a trueque de sus promesas doradas, sólo les disteis riquezas, poder y gloria.

Yo os he dado menos que una promesa, y, sin embargo, fuisteis más generosos conmigo.

Me disteis una sed más profunda de vivir.

En verdad, no se puede hacer don mayor a un hombre que aquel que convierte sus designios en ávidos labios y toda la vida en un manantial.

En esto consiste mi honra y mi recompensa.

Que cada vez que vengo a la fuente para beber, encuentro que el agua misma está sedienta.

Y ella me bebe al beberla yo.

Algunos de vosotros me han juzgado demasiado orgulloso y reservado por haber rehusado presentes.

Soy, en verdad, muy orgulloso para recibir un salario, pero no presentes.

Y sin duda me he alimentado de bayas en las colinas, cuando vosotros deseabais instalarme en vuestra mesa.

Y he dormido bajo los pórticos del templo, cuando me habríais acogido con placer.

Sin embargo, ¿no fue vuestra cariñosa preocupación

por mis días y noches lo que tornó deliciosos mis alimentos y pobló mi sueño de visiones?

Os bendigo particularmente por esto.

Dais mucho, y no sabéis que dais.

En verdad, la bondad que se mira en un espejo conviértese en piedra.

Y una buena acción que se admira a sí misma se torna en maldición.

Y alguno de vosotros me ha hallado distante y embriagado con mi soledad.

Y dijisteis: Éste se reúne con los árboles del bosque, mas no con los hombres.

Se sienta solo en la cima de las colinas y mira desde lo alto hacia nuestra ciudad.

Es verdad. Trepé por colinas y vagué por lugares apartados.

¿Cómo os podría haber visto sino desde altas cumbres y desde grandes distancias?

¿Cómo puede alguien estar cerca si no se mantiene alejado?

Y otros entre vosotros me llamaron, pero no con palabras, y dijeron:

Extranjero, extranjero, apasionado por las alturas

inaccesibles, ¿por qué habitas donde las águilas construyen sus nidos?

¿Por qué corres tras lo inalcanzable?

¿Qué tempestades esperas capturar en tu red?

¿Y qué aves efímeras procuras cazar en los cielos?

Ven y sé uno de nosotros.

Baja y sacia tu hambre con nuestro pan y aplaca tu sed con nuestro vino.

Dijeron estas cosas en la soledad de sus almas.

Pero si su soledad hubiese sido más profunda, habrían comprendido que yo buscaba solamente el secreto de vuestra alegría y de vuestra tristeza.

Y sólo cazaba vuestro más amplio Yo que vaga en los espacios.

Pero el cazador era también cazado.

Pues muchas de mis flechas partieron de mi arco sólo para alcanzar mi propio corazón.

Y aquel que planeaba en las alturas era el mismo que se arrastraba por tierra.

Porque cuando mis alas se desplegaban al sol, su sombra proyectada en la tierra era como una tortuga.

Y yo, el creyente, era también un escéptico.

Porque, a menudo, puse mi dedo en mi propia herida con el propósito de fortalecer mi fe en vosotros y aumentar mi conocimiento de vosotros.

Y con esa fe y ese conocimiento os digo:

Vosotros no estáis encerrados en vuestros cuerpos, ni confinados a vuestras casas y campos.

Lo que sois, habita más arriba de las montañas y vaga con el viento.

No es algo que se arrastra bajo el sol para calentarse o cava agujeros en la oscuridad para protejerse.

Mas, sí, algo libre, un espíritu que envuelve a la tierra y se agita en el éter.

Si éstas fueron palabras vagas, no procuréis aclararlas.

Oscuro y nebuloso es el comienzo de todas las cosas, pero no su fin.

Y yo prefiero que os acordéis de mí como de un comienzo.

La vida, y todos los seres vivos, son concebidos en la nebulosa y no en el cristal.

¿Y quién sabe si un cristal no es una nebulosa en descomposición?

Cuando os acordareis de mí, así me gustaría que me recordarais:

Que aquello que parece más débil y desorientado en vosotros es, en realidad, lo más fuerte y decidido.

¿No fue acaso vuestro aliento el que erigió y solidificó la estructura de vuestros huesos?

¿Y no fue un sueño que ninguno de vosotros recuerda haber soñado, el que edificó vuestra ciudad y modeló todo lo que en ella existe?

Si se os facultara para oír los murmullos de este aliento, dejaríais de tener oídos para todo el resto.

Y si se os facultara para oír los murmullos de ese sueño, dejaríais de oír cualquier otro sueño.

Mas hoy nada veis ni oís, y es mejor así.

Un día, sin embargo, el velo que cubre vuestros ojos será retirado por las manos que lo tejiera.

Y la arcilla que obstruya vuestros oídos será rota por los dedos que la amasaran.

Entonces veréis.

Entonces oiréis.

Y no deploraréis haber conocido la ceguera y la sordera.

Pues en aquel día, comprenderéis la finalidad oculta de todas la cosas.

Y bendeciréis las tinieblas como bendecís la luz.

Habiendo dicho estas cosas, volvióse y vio al piloto de su navío apostado junto al timón, vigilando ora las velas desplegadas, ora el horizonte.

Y él dijo:

Paciente, muy paciente es el capitán de mi navío.

El viento sopla y las velas están desplegadas.

Hasta el mismo timón está pidiendo que se le oriente.

Sin embargo, mi capitán espera calmadamente mi silencio.

Y estos marinos míos, que han oído el coro de los más grandes océanos, también ellos me han escuchado pacientemente.

Ahora, ya no esperarán más.

Estoy pronto.

El río ha llegado a la mar, y una vez más la gran mar apretará a su hijo contra su pecho.

Adiós, pueblo de Orphalese.

El día ha tocado a su fin.

Se está cerrando sobre nosotros, como el nenúfar se cierra sobre su propio mañana.

Lo que aquí nos fue dado, lo conservaremos.

Sólo un instante más, y mi nostalgia comenzará a recoger arcilla y espuma para un nuevo cuerpo.

Sólo un instante más, un solo momento de reposo en el viento, y otra mujer me concebirá.

Mi adiós a vosotros y a la juventud que pasé entre vosotros.

Fue solamente ayer cuando nos encontramos en un sueño.

Cantasteis para mí en mi soledad, y yo, con vuestras aspiraciones, construí una torre en el cielo.

Pero ahora, nuestro sueño ha huido, nuestro sueño ha desaparecido, se ha terminado la aurora.

El mediodía nos abrasa, y nuestra somnolencia se ha transformado en pleno despertar, y debemos separarnos.

Si nos encontramos otra vez en el crespúsculo de la memoria, conversaremos de nuevo y cantaréis para mí una canción más profunda.

Y si nuestras manos se encontrasen en otro sueño, construiremos otra torre en el cielo.

Diciendo esto, hízoles una seña a los marinos, y ellos levantaron el ancla, soltaron las amarras y remaron hacia el Este.

Y un grito brotó de la multitud como de un solo corazón, elevóse en el crepúsculo y voló lejos sobre la mar, cual dolorosa llamada de trompeta.

Solamente Almitra permaneció silenciosa, contemplando el navío hasta que desapareció en la bruma.

Y aun cuando todos se habían dispersado, ella todavía estaba ahí, sola, de pie sobre el muelle, recordando en su corazón las últimas palabras de Al-Mustafá:

"Sólo un instante más, un solo momento de reposo en el viento, y otra mujer me concebirá."

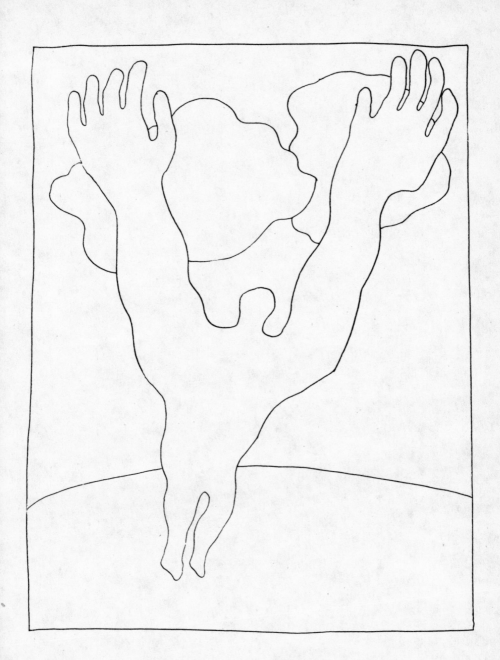

El loco

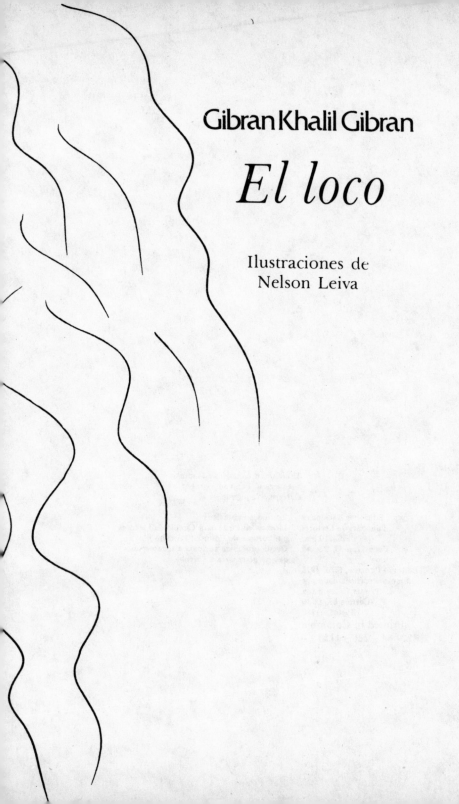

Gibran Khalil Gibran

El loco

Ilustraciones de
Nelson Leiva

Título del original, The Madman
Traducción, Fernando Aragón
Cubierta, Yzquierdo

Ediciones Nacionales
Ediciones de Lectores
Edinal Ltda.
Calle 57, 6-35, Bogotá

Edición no abreviada
Licencia editorial para Círculo de Lectores
por cortesía de Editorial Pomaire
Queda prohibida su venta a toda persona
que no pertenezca a Círculo

© Editorial Pomaire, S.A., 1978
Impreso y encuadernado por
Printer Colombiana
Carrera 63, 18-36
Bogotá   1980
Printed in Colombia
ISBN 84 - 226 - 1155 - 4

Indice

Me preguntas cómo...

M E PREGUNTAS CÓMO ME VOLVÍ LOCO. Ocurrió así:
Un día, mucho antes de que nacieran los dioses, desperté de un profundo sueño y descubrí que se habían robado todas mis máscaras, las siete máscaras que había modelado y usado en siete vidas.

Hui sin máscara por las atestadas calles gritando: «¡Ladrones! ¡Ladrones! ¡Malditos ladrones!».

Hombres y mujeres se reían de mí, y algunos corrieron a sus casas temerosos de mí.

117

Y cuando llegué a la plaza del mercado, un muchacho de pie sobre el techo de una casa, gritó: «¡Es un loco!».

Alcé la vista para mirarlo y por primera vez el sol besó mi rostro desnudo. Por primera vez el sol besó mi rostro desnudo, y mi alma se inflamó de amor por el sol y ya no deseé más mis máscaras. Como en éxtasis grité: «¡Benditos, benditos sean los ladrones que me han robado mis máscaras!».

Así fue cómo me volví loco.

Y he hallado libertad y salvación en mi locura; la libertad de estar solo y a salvo de ser comprendido, porque aquellos que nos comprenden esclavizan algo nuestro.

Dios

En tiempos muy antiguos, cuando el primer estremecimiento del lenguaje llegó a mis labios, ascendí a la montaña sagrada y hablé a Dios, diciendo: «Señor, yo soy tu esclavo. Tu voluntad oculta es mi ley y te obedeceré eternamente».

Pero Dios no respondió, y se alejó como si fuera una poderosa tempestad.

Y después de mil años ascendí a la montaña sagrada y, de nuevo, hablé con Dios, diciendo: «Creador, yo soy tu creación. Del barro me formaste y a ti debo cuanto soy».

Y Dios no respondió, y se alejó como un millar de alas veloces.

Y después de mil años trepé a la montaña sagrada y hablé con Dios otra vez, diciendo: «Padre, yo soy tu hijo. Con compasión y amor me diste nacimiento, y mediante mi amor y devoción heredaré tu reino».

Y Dios no respondió, y se esfumó como la niebla que cubre las montañas lejanas.

Y después de mil años trepé a la montaña sagrada y, de nuevo, hablé con Dios, diciendo: «Mi Dios, mi objetivo y mi realización; yo soy tu ayer y tú eres mi mañana. Soy tu raíz en la tierra y tú eres mi flor en el cielo, juntos crecemos ante la faz del sol».

Entonces Dios se inclinó hacia mí, y murmuró en mis oídos palabras de dulzura; y así como el mar acoge al arroyuelo que corre a su encuentro, así él me acogió.

Y cuando bajé a los valles y planicies allí también estaba Dios.

Mi amigo

AMIGO MÍO, NO SOY LO QUE PAREZCO. Mi apariencia no es más que el traje que visto, un traje cuidadosamente tejido que me protege a mí de tu curiosidad, y a ti de mi negligencia.

El YO que hay en mí, amigo mío, habita en la casa del silencio, y en ella vivirá para siempre inadvertido, inaccesible.

No quisiera hacerte creer en lo que digo ni que confiaras en lo que hago, porque mis palabras no son sino tus propios pensamientos transformados en sonido; y mis acciones, tus propias esperanzas convertidas en acción.

Cuando tú dices: «El viento sopla hacia el Este», yo digo: «Sí, sopla hacia el Este»; porque no quisiera hacerte saber que mi mente no medita sobre el viento, sino sobre el mar.

Tú no puedes comprender mis pensamientos marinos, ni yo quisiera hacértelos entender a ti. Preferiría estar solo con el mar.

Cuando es de día para ti, amigo mío, es de noche para mí; sin embargo, incluso así, hablo del mediodía que danza sobre las colinas y de la sombra escarlata que se abre paso sigilosamente por el valle; porque tú no puedes oír los cantos de mi oscuridad ni ver mis alas golpear contra los astros. Yo no quisiera dejarte oír ni ver. Preferiría estar a solas con la noche.

Cuando tú asciendes a tu Cielo, yo desciendo a mi Infierno. Incluso entonces tú me llamas a través del infranqueable abismo: «Compañero, mi camarada», y yo te respondo: «Camarada, mi compañero», porque no quisiera que vieses mi Infierno. La llama quemaría tus ojos y el humo inflamaría tu nariz. Y amo demasiado mi Infierno para que tú lo visites. Preferiría estar solo en el Infierno.

Tú amas la Verdad, la Belleza y la Justicia; y yo por ti digo que es bueno y apropiado amar esas cosas. Pero en mi corazón me río de tu amor. Pero no me gustaría que vieras mi risa. Preferiría reírme solo.

Amigo mío, tú eres bueno, cauto y prudente; más aún, eres perfecto, y yo también hablo contigo sabia y cautelosamente. Y, sin embargo, estoy loco. Pero encubro mi locura. Prefiero ser loco solo.

Amigo mío, tú no eres mi amigo, pero ¿cómo hacértelo comprender? Mi camino no es tu camino; sin embargo, caminamos juntos, con las manos unidas.

El espantapájaros

U NA VEZ DIJE A UN ESPANTAPÁJAROS:

—Debes estar cansado de pasarte la vida en este campo solitario.

Y él me respondió:

—El placer de espantar es algo tan profundo y duradero que jamás me canso.

Después de reflexionar un poco, le dije:

—Es verdad, porque yo también conocí ese gozo.

Y él me respondió:

—Sólo pueden conocerlo aquellos que están rellenos de paja.

Entonces me marché, sin saber si me había elogiado o insultado.

Pasó un año durante el cual el espantapájaros se convirtió en filósofo.

Y cuando volví a pasar cerca de él, vi dos cuervos construyendo un nido debajo de su sombrero.

Las sonámbulas

En la CIUDAD DONDE NACI vivían una mujer y su hija.
Las dos eran sonámbulas.

Una noche, mientras el silencio envolvía al mundo, la mujer y la hija, caminando dormidas, se encontraron en su jardín, velado por la niebla.

Habló la madre, y dijo:

—¡Al fin, al fin, mi enemiga! Aquella por quien fue destruida mi juventud, aquella que edificó su vida sobre las ruinas de la mía. ¡Ojalá pudiera matarla!

Habló la hija y dijo:

—¡Oh mujer odiosa, vieja y egoísta, que se antepone entre mi libertad y yo! ¡Que quisiera transformar mi vida en un eco de su vida ya marchita! ¡Ojalá estuviera muerta!

En ese instante cantó un gallo, y ambas mujeres despertaron.

La madre preguntó:

—¿Eres tú, querida?

Y la hija respondió afectuosamente:

—Sí, madre.

El perro sabio

CIERTO DÍA UN PERRO SABIO pasó cerca de un grupo de gatos.

Al aproximarse y ver que estaban muy entretenidos y no se habían dado cuenta de su presencia, se detuvo.

En ese momento, un gato grande y serio se levantó, miró a los demás, y dijo:

—Orad, hermanos; y cuando hayáis rezado y vuelto a rezar, y no tengáis ya dudas, entonces, en verdad lloverán ratas.

El perro, al oír estas palabras, se rió en su corazón y se alejó, diciendo:

—¡Ah, gatos ciegos y locos! ¿Acaso no está escrito y no lo he sabido yo y mis antepasados antes de mí, que lo que llueve a fuerza de oraciones, fe y súplicas, no son ratas sino huesos?

Los dos eremitas

EN UNA SOLITARIA MONTAÑA vivían dos eremitas que adoraban a Dios y se amaban el uno al otro.

Los eremitas tenían una escudilla de barro, única cosa que poseían.

Un día, un mal espíritu entró en el corazón del más viejo, que acercándose al más joven le dijo:

—Hace ya mucho tiempo que vivimos juntos. Ha llegado la hora de separarnos. Dividamos nuestros bienes.

Entonces el menor de los eremitas se entristeció, y dijo:

—Me duele, hermano, que me abandones. Pero si tienes necesidad de partir, así sea.

Y trajo la escudilla de barro y se la entregó, diciendo:

—No podemos dividirla, hermano, quédate tú con ella.

Entonces el ermitaño más viejo replicó:

—No quiero caridad. No me llevaré nada que no sea mío. La escudilla debe ser dividida.

Y el más joven dijo:

—Si partimos la escudilla, ¿de que nos servirá después a ti o a mí? Si estás de acuerdo, podríamos sortearla.

Pero el viejo eremita insistió:

—No quiero sino justicia y lo que me pertenece, y no voy a confiar la justicia y lo que me pertenece a la caprichosa suerte. La escudilla debe ser dividida.

Entonces, el eremita más joven no pudo ya seguir argumentando, y dijo:

—Si es tu voluntad y eso es lo que deseas, quebraremos la escudilla.

El rostro del eremita más viejo se fue oscureciendo cada vez más, y gritó:

—¡Maldito cobarde, no quieres reñir!

Dar y recibir

H ABÍA UNA VEZ un hombre que poseía un valle lleno
de agujas. Un día la madre de Jesús se acercó a él para de-
cirle:

—Amigo, la túnica de mi hijo está desgarrada y es preciso que se la remiende antes de que él vaya al templo.
¿Puedes darme una aguja?

Y el hombre no le dio la aguja, sino un erudito discurso sobre el Dar y el Recibir, para que ella se lo enseñara
a su hijo antes de que él fuera al templo.

Los siete YO

En la hora más tranquila de la noche, cuando estaba ya medio dormido, mis siete YO se sentaron a conversar en voz baja.

PRIMER YO: Aquí, en este loco, he vivido todos estos años sin tener otra cosa que hacer sino renovar su dolor durante el día y recrear su tristeza por la noche. No puedo soportar más tiempo mi destino y me rebelaré.

SEGUNDO YO: Tu suerte es mejor que la mía, hermano, porque a mí se me asignó ser el YO alegre de este loco. Yo río su risa y canto sus horas felices, y con pies tres veces alados danzo sus más luminosos pensamientos. Soy yo quien debe rebelarse contra una existencia tan fatigosa.

TERCER YO: ¿Y qué tendría que decir yo, entonces, YO amoroso, encargado de la antorcha ardiente de pasiones salvajes y fantásticos deseos? Soy yo, el YO enfermo de amor, quien se rebela contra este loco.

CUARTO YO: Entre todos vosotros, yo soy el más desdichado, porque nada me fue dado sino el abominable odio y el destructivo rencor. Soy yo, el YO tempestuoso, el único nacido en las negras cavernas del Infierno, quien debería protestar de tener que seguir al servicio de un loco.

QUINTO YO: No. Soy yo, el YO pensante, el YO imaginativo, el YO hambriento y sediento, el único condenado a vagar sin descanso en busca de cosas desconocidas y de cosas todavía no creadas. Soy yo y no vosotros el que debe rebelarse.

SEXTO YO: ¿Y yo? Soy el YO trabajador, el insignificante obrero que con sus manos pacientes y sus ojos anhelantes transforma los días en imágenes y da a los elementos amorfos formas nuevas y eternas. Soy YO, el solitario, quien debe rebelarse contra este inquieto loco.

SÉPTIMO YO: Qué extraño es que todos queráis rebelaros contra este hombre por tener cada uno de vosotros un destino determinado que cumplir. ¡Ah, ojalá fuera yo como uno de vosotros y tuviera también un YO con un determinado destino! Pero no tengo ninguno, soy el YO sin ocu-

138

pación, el que se sienta en silencio, vacío de Tiempo y espacio, mientras vosotros estáis ocupados recreando la vida. ¿Sois vosotros o yo, compañeros, quien debe rebelarse?

Cuando el séptimo YO hubo hablado, los otros seis lo miraron apenados, pero no dijeron nada. Y cuando la noche se hizo más profunda, uno tras otro se fueron a dormir arropados en una nueva y satisfecha sumisión.

Pero el séptimo YO permaneció despierto, mirando la nada que está detrás de todas las cosas.

Guerra

U<small>NA NOCHE HUBO UNA FIESTA</small> en palacio, y fue un
hombre y se prosternó ante el príncipe. Todos los invita-
dos lo miraron y vieron que le faltaba uno de los ojos y
que la cuenca vacía sangraba.

El príncipe le preguntó:

—¿Qué te ha sucedido?

Y el hombre respondió:

—Oh príncipe, soy un ladrón profesional y esta noche,
al ver que no había luna, fui a robar a la casa del cambista.

140

Cuando entraba por la ventana, me equivoqué y entré en el taller del tejedor. En la oscuridad tropecé con el telar, que me arrancó el ojo. Y ahora, oh príncipe, vengo a pedir justicia contra el tejedor.

Entonces el príncipe mandó llamar al tejedor, y cuando lo tuvo delante ordenó que le arrancasen uno de sus ojos.

—Oh príncipe —dijo el tejedor—, tu orden ha sido justa. Está bien que me hayas hecho arrancar uno de los ojos pero, desgraciadamente, mis dos ojos me eran necesarios para poder ver la tela que tejo. Tengo un vecino que es zapatero remendón y posee también dos ojos, y para su oficio no necesita los dos ojos.

Entonces el príncipe mandó llamar al zapatero. Y cuando se presentó ante él le fue arrancado un ojo.

Y así se hizo justicia.

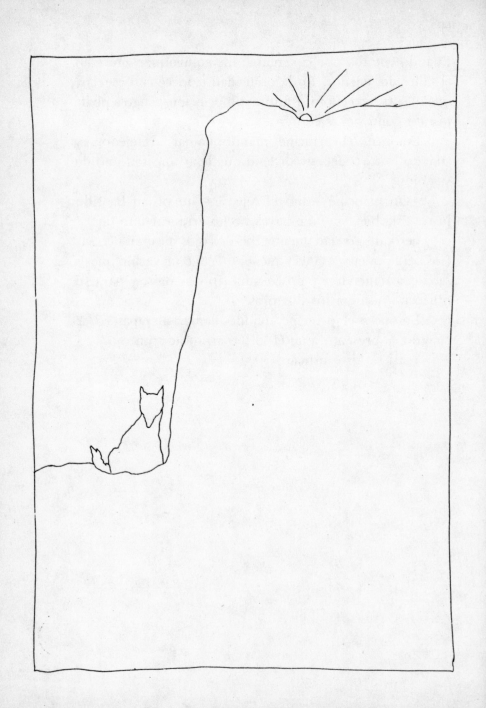

La zorra

UNA ZORRA miró su sombra al amanecer, y dijo: «Hoy preciso un camello para almorzar».

Y pasó toda la mañana buscando camellos. Pero al mediodía volvió a ver su sombra, y dijo: «Con un ratón me bastará».

El rey sabio

Había una vez un rey sabio y poderoso que gobernaba en la remota ciudad de Wirani. Y era temido por su poder y amado por su sabiduría.

En el corazón de aquella ciudad había un pozo cuya agua era fresca y cristalina, y de ella bebían todos los habitantes, incluso el rey y sus cortesanos, porque en Wirini no había otro pozo.

Una noche, mientras todos dormían, una bruja entró en la ciudad y derramó siete gotas de un extraño líquido en el pozo, y dijo:

—De ahora en adelante, todo el que beba de esta agua se volverá loco.

A la mañana siguiente, salvo el rey y su gran chambelán, todos los habitantes bebieron el agua del pozo y enloquecieron, tal como lo había predicho la bruja.

Y durante aquel día, todas las gentes no hacían sino susurrar el uno al otro en las calles estrechas y en las plazas públicas:

—El rey está loco. Nuestro rey y su gran chambelán han perdido la razón. Naturalmente, no podemos ser gobernados por un rey loco. Es preciso destronarlo.

Aquella noche, el rey ordenó que le llenasen un vaso de oro con agua del pozo. Y cuando se lo trajeron, bebió copiosamente y dio de beber a su gran chambelán.

Y hubo gran regocijo en aquella remota ciudad de Wirani, porque el rey y su gran chambelán habían recobrado la razón.

Ambición

TRES HOMBRES SE REUNIERON junto a la mesa de una taberna. Uno era tejedor; el segundo carpintero, y el tercero un peón.

Dijo el tejedor:

—Hoy vendí una fina mortaja de lino por dos piezas de oro. Bebamos todo el vino que queramos.

—Y yo —dijo el carpintero— he vendido mi mejor ataúd. Comamos un gran asado con el vino.

—Yo sólo he cavado una fosa —dijo el peón—, pero mi

patrón me pagó doble. Comamos también pasteles de miel.

Y toda aquella noche la taberna estuvo llena de animación, porque pedían constantemente vino, carne y pasteles de miel. Y estaban muy contentos.

El tabernero se frotaba las manos y sonreía a su mujer, ya que sus huéspedes gastaban sin limitaciones.

Cuando los hombres salieron de la taberna, la luna brillaba espléndida en el cielo y caminaron por la calle cantando y gritando.

El tabernero y su mujer, de pie en la puerta de la taberna, los miraban alejarse.

—¡Ah! —exclamó la mujer—, ¡qué grandes señores! ¡Tan generosos y tan alegres! Si así fuera nuestra suerte siempre, entonces nuestro hijo no necesitaría ser tabernero y trabajar tan duro. Podríamos educarlo para que llegara a ser sacerdote.

El nuevo placer

ANOCHE INVENTÉ un nuevo placer, y cuando lo estaba experimentando por primera vez, un ángel y un demonio llegaron corriendo a mi casa.

Se encontraron en mi puerta y se pusieron a reñir acerca de mi recién inventado placer.

El uno gritaba: «¡Es un pecado!». Y el otro protestaba: «¡Es una virtud!».

El otro idioma

TRES DÍAS DESPUÉS DE MI NACIMIENTO, cuando estaba en mi cuna de seda contemplando asombrado el nuevo mundo a mi alrededor, mi madre habló con la nodriza para preguntarle:

—¿Cómo está mi hijo?

Y la nodriza respondió:

—Está bien, señora. Lo amamanté tres veces y nunca antes había visto un niño de su edad que estuviera tan contento.

150

Indignado, grité:

—¡No es verdad, madre! Mi cama es dura, y la leche que he mamado sabe amarga a mi paladar, y el olor del pecho repugna a mi olfato, y me siento muy desdichado.

Pero mi madre no comprendió —y la nodriza tampoco—, porque el idioma que yo hablaba era el del mundo del cual yo provenía.

Y al vigésimo primer día de mi vida, cuando me estaban bautizando, el sacerdote dijo a mi madre:

—Naturalmente debe sentirse usted muy dichosa de que su hijo haya nacido cristiano.

Sorprendido, dije al sacerdote:

—Entonces su madre que está en el cielo debe sentirse muy desdichada, porque usted no nació cristiano.

Pero el sacerdote tampoco entendió mi lenguaje.

Y pasadas siete lunas, un adivino me miró un día y dijo a mi madre:

—Su hijo será un estadista y un gran líder.

Mas yo grité:

—¡Esa es una falsa profecía, porque yo seré músico y nada más que músico!

Pero a pesar de mi edad todavía no se comprendía mi idioma, y fue grande mi espanto.

Han transcurrido treinta y tres años, durante los cuales murieron mi madre, la nodriza y el sacerdote (la sombra de Dios cubra sus almas), pero el adivino todavía vive.

Lo encontré ayer junto a la puerta del templo; y mientras conversábamos me dijo:

—Yo siempre supe que llegarías a ser un gran músico. Incluso en tu infancia profeticé y predije tu futuro.

Y le creí, porque ahora también yo he olvidado el idioma de aquel otro mundo.

La granada

Una vez viví en el corazón de una granada y escuché a un grano decir:

—Algún día llegaré a ser un árbol, y el viento cantará entre mis ramas, y el sol danzará sobre mis hojas. Seré fuerte y hermoso durante todas las estaciones.

Entonces otro grano habló y dijo:

—Cuando yo era tan joven como tú, también tenía esa clase de sueños; pero ahora que comprendo el valor de las cosas, me doy cuenta de que mis aspiraciones eran vanas.

Y un tercer grano también habló:

—Nada veo en nosotros que prometa un futuro tan espléndido.

Y un cuarto dijo:

—¡Qué inútil sería nuestra vida si no tuviéramos un porvenir mejor!

Dijo un quinto:

—¿Para qué discutir sobre lo que seremos si aún no sabemos lo que somos?

Y un sexto replicó:

—Aunque no sepamos lo que ahora somos, siempre seguiremos siendo lo que ahora somos.

Y un séptimo dijo:

—Tengo una idea muy clara de cómo será todo, pero no logro expresarla en palabras.

Luego hablaron un octavo, un noveno y un décimo, y muchos otros, y cuando hablaban ya a un mismo tiempo todos, entonces no pude comprender nada de lo que decían en medio de tantas voces.

Por eso, aquel mismo día me trasladé al corazón de un membrillo, en donde los granos son pocos y casi silenciosos.

Las dos jaulas

En el jardín de mi padre hay dos jaulas. En una vive un león, que los esclavos de mi padre trajeron del desierto de Nínive; en la otra, un gorrión que no canta.

Todos los días al amanecer, el gorrión saluda al león diciendo: «Que tengas buenos días, hermano prisionero».

Las tres hormigas

TRES HORMIGAS SE ENCONTRARON sobre la nariz de un hombre que dormía al sol. Después de haberse saludado de acuerdo a las costumbres de la tribu de cada una, se pusieron a conversar.

La primera hormiga dijo:

—Estas colinas y llanuras son las más áridas que he conocido en mi vida. Pasé todo el día buscando un grano de cualquier clase y no he encontrado nada.

Dijo la segunda:

156

—Yo tampoco he encontrado nada, a pesar de haber recorrido cuanto páramo y escondrijo existen. Creo que ésta es la tierra que mi pueblo llama blanda y movediza, donde no crece nada.

Entonces, la tercera hormiga alzó su cabeza y dijo:

—Amigas mías; estamos en este momento sobre la nariz de la Hormiga Suprema, la poderosa e infinita Hormiga, cuyo cuerpo es tan grande que no podemos verlo, cuya sombra es tan vasta que no podemos abarcarla, cuya voz es tan potente que no podemos oírla. Y Ella es omnipresente.

Cuando la tercera hormiga terminó de hablar, las otras se miraron y se echaron a reír.

En ese momento, el hombre se movió y en su sueño alzó la mano, se rascó la nariz, y aplastó a las tres hormigas.

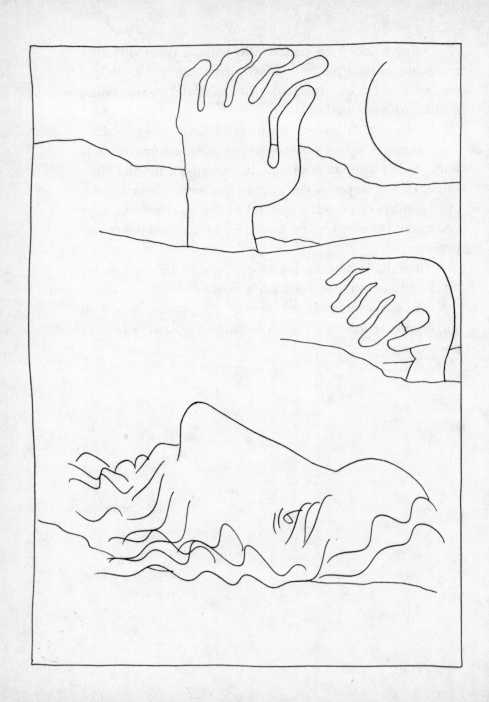

El sepulturero

UNA VEZ, cuando estaba sepultando a mis YO muertos, se acercó a mí el sepulturero y me dijo:

—De todos los que vienen aquí a sepultar, tú eres el único al que amo.

Le dije:

—Tus palabras me regocijan, pero dime, por favor, ¿por qué me amas?

—Porque todos llegan llorando y se marchan llorando. Y tú eres el único que llega riendo y se marcha riendo.

Sobre las gradas del Templo

AYER POR LA TARDE, sobre las gradas de mármol del Templo, vi a una mujer sentada entre dos hombres. Una de sus mejillas estaba pálida y la otra sonrojada.

La Ciudad Santa

En mi juventud me contaron que había una ciudad en la que todos vivían conforme a la Escritura.

Y me dije: «Buscaré esa ciudad y la bendición que hay en ella». Pero quedaba muy lejos e hice grandes provisiones para el viaje. Y después de cuarenta días contemplé la ciudad, y cuarenta y un días después de mi partida entré en ella.

Mas, ¡ay!, todos los habitantes sólo tenían un ojo y una mano. Quedé asombrado, y me dije: «¿Será acaso que

161

para vivir en esta ciudad es preciso tener un solo ojo y una sola mano?»

Entonces vi que ellos también se asombraban de que yo tuviera mis dos manos y mis dos ojos. Y al ver que hablaban entre sí, los interrogué diciendo:

—¿Es ésta realmente la Ciudad Santa, donde todos viven conforme a las Escrituras?

Y me respondieron:

—Sí, ésta es la ciudad.

Pregunté:

—¿Y qué os ha sucedido, dónde están vuestros ojos derechos y vuestras manos derechas?

Quedaron perplejos ante mi ignorancia, y me dijeron:

—Ven y mira.

Y me llevaron al templo, en el centro de la ciudad, y en el templo vi un montón de manos y ojos, todos apergaminados. Pregunté:

—¿Qué conquistador ha cometido esta crueldad con vosotros?

Hubo un murmullo entre ellos. Y uno de los más viejos se adelantó y me dijo:

—Nosotros mismos lo hemos hecho. Dios nos hizo vencer el mal que había en nosotros.

Y me condujo a un altar elevado, y todo el pueblo nos siguió. Y me enseñó una inscripción grabada encima del altar, y yo leí:

Si tu ojo derecho te induce al pecado, arráncalo lejos de ti; porque es mejor para ti que uno de tus miembros perezca antes de que todo tu cuerpo sea arrojado al infierno. Y si tu mano derecha te induce a pecar, córtala y arrójala lejos de ti; porque es preferible que perezca uno de tus miembros antes de que todo tu cuerpo sea arrojado al infierno.

Entonces comprendí. Me di la vuelta hacia el pueblo, y exclamé:

—¿No hay entre vosotros un varón o una mujer que tenga dos ojos y dos manos?

Y me respondieron diciendo:

—No. Ninguno. No hay nadie entero, salvo los que aún son muy pequeños para poder leer las Escrituras y comprender sus mandamientos.

Y cuando salimos del templo, me apresuré a dejar la Ciudad Santa; porque ya no era joven y podía leer las Escrituras.

El Dios del Bien y
el Dios del Mal

EL DIOS DEL BIEN Y EL DIOS DEL MAL se encontraron en la cumbre de una montaña.

El Dios del Bien dijo:

—Buenos días, hermano.

El Dios del Mal no respondió.

Y el Dios del Bien añadió:

—Hoy estás de mal humor.

—Sí —replicó el Dios del Mal—, porque últimamente me han confundido muchas veces contigo, llamándome por tu nombre, tratándome como si yo fuera tú, y eso no me agrada.

Y el Dios del Bien dijo:

—Pero también a mí me han confundido contigo y me han llamado por tu nombre.

El Dios del Mal se alejó, maldiciendo la estupidez humana.

Derrota

Derrota, mi Derrota, mi soledad y mi aislamiento.
Eres para mí más querida que un millar de triunfos,
y más dulce a mi corazón que toda la gloria del mundo.

Derrota, mi Derrota, mi conocimiento de mí mismo y mi
    desafío;
por ti sé que aún soy joven y de pies ligeros,
y desdeñoso de los laureles que se marchitan.

166

Y en ti encontré la soledad
y la alegría de ser ignorado y despreciado

Derrota, mi Derrota, mi espada brillante y mi escudo;
en tus ojos he leído que ser entronizado es ser esclavizado,
y ser comprendido es ser rebajado,
y ser entendido significa alcanzar la plenitud,
y como un fruto maduro, caer y ser devorado.

Derrota, mi Derrota, mi audaz compañera,
tú escucharás mis cantos, mis gritos y silencios,
y nadie sino tú me hablará de batir de alas,
y de la agitación de los mares,
y de las montañas que arden de noche,
y sólo tú escalarás las rocas y peñascos de mi alma.

Derrota, mi Derrota, valor que nunca muere;
tú y yo reiremos juntos en la tempestad,
y juntos cavaremos las tumbas para todo lo que muere en
    nosotros,
y permaneceremos de pie al sol con una voluntad
    indomable.
Y seremos peligrosos.

La noche y yo

Soy como tú, oh Noche: oscuro y desnudo. Sigo por el camino en llamas que está sobre mis sueños y cada vez que mi pie toca la tierra, brota allí un roble gigantesco.

—No, tú no eres como yo, oh Loco, porque aún miras hacia atrás para medir la huella que dejaste en la arena.

—Soy como tú, oh Noche: silencioso y profundo. Y en el corazón de mi soledad hay una diosa que está dando a luz un hijo, y en él se tocan el Cielo y el Infierno.

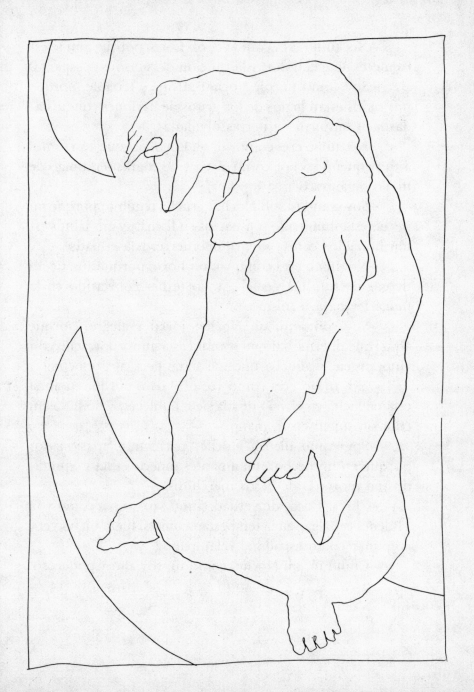

—No, tú no eres como yo, oh Loco, porque aún te estremeces ante el dolor, y la canción del abismo te espanta.

—Soy como tú, oh Noche: salvaje y terrible, porque mis oídos están llenos de los gritos de naciones conquistadas y de suspiros de tierras olvidadas.

—No, tú no eres como yo, oh Loco, porque aún tomas a tu pequeño yo por compañero y no logras ser amigo de tu Yo gigantesco.

—Soy como tú, oh Noche: cruel y temible; porque mi pecho está iluminado por navíos en llamas, y mis labios están húmedos con la sangre de guerreros asesinados.

—No, tú no eres como yo, oh Loco, porque aún tienes deseos de tu alma gemela, y no te has convertido en la única ley para ti mismo.

—Soy como tú, oh Noche: jovial y alegre; porque aquel que duerme bajo mi sombra está ahora borracho con vino virgen, y aquella que me sigue peca alegremente.

—No, tú no eres como yo, oh Loco, porque tu alma está envuelta en el velo de los siete dobleces, y no llevas tu corazón sujeto en tu mano.

—Soy como tú, oh Noche: paciente y apasionado; porque en mi pecho, mil amantes muertos están sepultados en mortajas de besos marchitos.

—¿Eres, Loco, de verdad como yo? ¿Eres como yo? ¿Puedes cabalgar en la tempestad como si fuera un corcel y empuñar como espada al relámpago?

—Como tú, oh Noche, como tú, soy alto y poderoso.

Y mi trono está edificado sobre montones de dioses caídos, y ante mí también pasan los días para besar el borde de mi vestido, pero jamás para mirarme a la cara.

—¿Eres como yo, hijo de mi más oscuro corazón? ¿Y piensas mis pensamientos indómitos y hablas mi cósmico lenguaje?

—Sí, somos gemelos, oh Noche, porque tú revelas el espacio y yo revelo mi alma.

Rostros

H E VISTO UN ROSTRO con mil semblantes, y un rostro que no era sino un solo semblante, como si estuviera en un molde.

He visto un rostro cuyo resplandor no ocultaba su fealdad interior, y un rostro cuyo resplandor escondía una belleza aún más espléndida.

He visto un rostro viejo con arrugas inexpresivas, y un rostro terso en el que todas las cosas habían dejado su huella.

172

Conozco los rostros porque miro a través de la tela que mis propios ojos tejen, y busco la realidad que hay debajo.

El Océano Mayor

Mi ALMA Y YO fuimos a bañarnos al mar grande. Y cuando llegamos a la playa, buscamos un lugar escondido y solitario.

Mientras caminábamos vimos a un hombre sentado en una piedra gris. Sacaba de un saco pizcas de sal para arrojarlas al mar.

—Es un pesimista —dijo mi alma—. Abandonemos este lugar. No podemos bañarnos aquí.

Y caminamos hasta llegar a una ensenada. Allí vimos

a un hombre de pie sobre una roca blanca. Tenía en la mano un cofre incrustado de piedras preciosas, del que sacaba trozos de azúcar para arrojarlos al mar.

—Es un optimista —dijo mi alma—. Él tampoco debe ver nuestros cuerpos desnudos.

Seguimos adelante. Y en la playa vimos a un hombre que recogía peces muertos y amorosamente los devolvía al agua.

—No podemos bañarnos delante de él —dijo mi alma—. Es un filántropo.

Y seguimos adelante.

Entonces llegamos a un lugar donde vimos a un hombre dibujando su sombra en la arena. Grandes olas venían y borraban el dibujo. Pero él volvía a empezar una y otra vez.

—Es un místico —dijo mi alma—. Dejémosle.

Y seguimos hasta una caleta, donde vimos a un hombre que recogía la espuma y la vaciaba en una copa de alabastro.

—Es un idealista —dijo mi alma—. Ciertamente que tampoco debe ver nuestra desnudez.

Y caminamos. De pronto oímos una voz que gritaba:

—¡Éste es el mar! ¡Éste es el profundo mar! ¡Éste es el vasto y poderoso mar!

Y cuando llegamos allí, vimos a un hombre con la espalda vuelta al mar, que tenía una caracola puesta en el oído para escuchar su murmullo.

Mi alma dijo:

—Sigamos. Éste es un realista que da la espalda a todo lo que no puede aprehender, y se conforma con un fragmento.

Y seguimos adelante. Entre las rocas había un hombre con la cabeza enterrada en la arena. Y dije a mi alma:

—Podemos bañarnos aquí porque él no puede vernos.

—No —dijo mi alma—. Éste es el peor de todos. Es un puritano.

Entonces una gran tristeza cubrió el rostro de mi alma y se apoderó de su voz.

—Marchémonos de aquí —me dijo—, porque no hay un solo lugar escondido y solitario donde bañarnos. No quiero que este viento desordene mi cabellera dorada, ni deseo enseñar mi blanco pecho a este aire, ni dejar que la luz descubra mi desnudez sagrada.

Entonces abandonamos aquel mar para buscar el Océano Mayor.

Crucificado

GRITÉ A LOS HOMBRES:

—¡Quiero ser crucificado!

Y ellos dijeron:

—¿Por qué ha de caer tu sangre sobre nuestra cabeza?

Y respondí:

—¿De qué otra manera seréis glorificados si no crucificáis a los locos?

Comprendieron y fui crucificado. Y la crucifixión me calmó.

Y cuando estaba suspendido entre la tierra y el cielo alzaron sus cabezas para mirarme, y se llenaron de gozo, porque nunca antes habían alzado la cabeza. Pero mientras me observaban, uno de ellos preguntó:

—¿Qué intentas expiar?

Y otro gritó:

—¿Por qué causa te crucificas?

Y un tercero dijo:

—¿Piensas comprar a semejante precio la gloria del mundo?

Entonces un cuarto dijo:

—¡Mirad cómo sonríe! ¿Puede perdonarse un dolor así?

Y a todos respondí:

—Recordad tan sólo que sonreí. Nada expío, por nada me sacrifico, no deseo gloria y nada tengo que perdonar. Tenía sed y os pedí que me dieseis mi sangre para beberla, porque ¿qué otra cosa puede apagar la sed de un loco sino su propia sangre? Yo estaba mudo y os pedí que me hicieseis heridas que me sirvieran de bocas. Estaba prisionero de vuestros días y de vuestras noches y busqué una puerta para días y noches mejores.

»Y ahora me voy tal y como otros crucificados se han ido. Y no penséis que estamos cansados de crucifixiones. Es preciso que haya crucificados por hombres mejores, en tierras mejores y mejores cielos.

El astrónomo

A LA SOMBRA DE UN TEMPLO, mi amigo y yo vimos a un ciego sentado solo. Mi amigo dijo:

—Mira al hombre más sabio de nuestro país.

Dejé a mi amigo y me aproximé al ciego, lo saludé y conversamos. Después de un tiempo le dije:

—Perdona mi pregunta, pero ¿desde cuándo eres ciego?

Respondió:

—Desde mi nacimiento.

Dije:

—¿Qué sendero has recorrido para llegar a la sabiduría?

Me respondió:

—Soy astrónomo. —Puso la mano en el pecho y agregó—: Observo todos esos soles, y lunas y estrellas.

Nostalgia

Estoy sentado aquí, entre mi hermano el monte y mi hermana la mar.

Los tres somos uno en soledad, y el amor que nos une es profundo y fuerte y extraño. En verdad es más profundo que la profundidad de mi hermana, y más fuerte que la fuerza de mi hermano, y más extraño que la extrañeza de mi locura.

Siglos tras siglos han transcurrido desde que la primera aurora cenicienta nos permitió vernos el uno al otro.

Y aunque hemos visto el nacimiento y el desarrollo y muerte de muchos mundos, todavía somos ávidos y jóvenes.

Somos jóvenes y ávidos, sin embargo, no tenemos compañía y nadie nos visita; y aunque yacemos siempre casi abrazados, nos sentimos desconsolados. ¿Qué consuelo puede haber para el deseo contenido y la pasión reprimida? ¿De dónde vendrá el ardiente dios para calentar el lecho de mi hermana? ¿Y qué torrente apagará el fuego de mi hermano? ¿Y quién es la mujer que gobernará en mi corazón?

En el silencio de la noche, mi hermana murmura en sueños el nombre desconocido del flamígero dios, y mi hermano llama a lo lejos a la fría y distante diosa. Pero a quién llamar en mi sueño, no lo sé.

Estoy sentado aquí, entre mi hermano el monte y mi hermana la mar. Los tres somos uno en soledad, y el amor que nos une es profundo y fuerte y extraño.

Una brizna de hierba

UNA BRIZNA DE HIERBA dijo a una hoja caída de un árbol en otoño:

—¡Cuánto ruido haces al caer! Espantas todos mis sueños de invierno.

La hoja replicó indignada:

—¡Tú, nacida en lo bajo y habitante de lo bajo, eres insignificante e incapaz de cantar! ¡Tú no vives en las alturas y no puedes reconocer el sonido de una canción!

La hoja de otoño cayó en tierra y se durmió. Y cuando

llegó la primavera, despertó nuevamente de su sueño y era una brizna de hierba.

Y cuando llegó el otoño, y fue presa de su sueño invernal, flotando en el aire empezaron a caerle las hojas encima. Murmuró para sí misma:

—¡Oh, estas hojas de otoño! ¡Hacen tanto ruido! Espantan todos mis sueños de invierno.

El Ojo

DIJO EL OJO un día:

—Veo más allá de estos valles una montaña velada por la niebla azul. ¿Verdad que es hermosa?

El Oído se puso a escuchar, y después de haber escuchado atentamente durante un tiempo, dijo:

—Pero, ¿dónde está esa montaña? ¡Yo no la oigo!

Entonces habló la Mano, y dijo:

—En vano trato de palparla o tocarla; no encuentro montaña alguna.

La Nariz dijo:

—No hay ninguna montaña. No puedo olerla.

Entonces el Ojo se volvió hacia otro lado, y todos comenzaron a discutir la extraña alucinación del Ojo. Y decían:

—A este Ojo debe pasarle algo.

Los dos sabios

En la antigua ciudad de Afkar vivían dos sabios. Cada uno odiaba y despreciaba la sabiduría del otro, porque uno de ellos negaba la existencia de los dioses, y el otro era creyente.

Los dos se encontraron un día en la plaza pública en medio de sus discípulos, y comenzaron a disputar y argumentar sobre la existencia o inexistencia de los dioses. Después de horas de discusión, se separaron.

Aquella noche, el incrédulo fue al templo y se postró

ante el altar para implorar perdón a los dioses por sus errores pasados.

Y a la misma hora, el otro sabio, el defensor de los dioses, quemó sus libros sagrados porque había abrazado el ateísmo.

Cuando nació mi Tristeza

Cuando nació mi Tristeza la crié con cariño y la cuidé con amorosa ternura.

Y mi tristeza creció como todas las cosas vivientes: fuerte y bella y llena de delicias sorprendentes.

Y nos amábamos el uno al otro, mi Tristeza y yo, y amábamos al mundo que nos rodeaba, porque la Tristeza tenía un corazón bondadoso y el mío era bondadoso con la Tristeza.

Y cuando conversábamos, mi Tristeza y yo, nuestros

193

días eran alados y nuestras noches estaban enmarcadas de ensueños, porque la Tristeza tenía una lengua elocuente, y la mía era elocuente con la Tristeza.

Y cuando cantábamos juntos, mi Tristeza y yo, nuestros vecinos se sentaban en las ventanas para escuchar, porque nuestras canciones eran tan profundas como el mar, y nuestras melodías estaban llenas de extrañas rememoranzas.

Y cuando caminábamos juntos, mi Tristeza y yo, la gente nos miraba con ojos tiernos y murmuraba palabras de inexpresable dulzura. Y había quienes nos miraban con envidia, porque la Tristeza era una cosa noble y yo estaba orgulloso con la Tristeza.

Pero murió mi Tristeza, como todas las cosas vivientes, y ya solo, me entregué al estudio y la meditación.

Y ahora, cuando hablo, mis palabras resuenan pesadas en mis oídos.

Y cuando canto, mis vecinos no vienen a escuchar mis canciones.

Y cuando camino por las calles, nadie me mira.

Sólo en mi sueño oigo voces que dicen con pena: «Mirad, ahí está el hombre cuya tristeza ha muerto».

Y cuando nació mi Alegría

Y CUANDO NACIÓ MI ALEGRÍA, la llevé en mis brazos y subí a lo alto de la casa para gritar:

—¡Venid, vecinos míos, venid y ved, porque hoy ha nacido mi Alegría! ¡Venid y contemplad esta alegre cosa que ríe al sol!

Pero ninguno de mis vecinos vino a ver mi Alegría, y fue grande mi desencanto.

Y todos los días durante siete lunas proclamé mi Alegría desde lo alto de mi casa, y nadie me escuchó. Y mi

Alegría y yo nos quedamos solos, sin que nadie nos buscara o nos visitara.

Mi Alegría fue empalideciendo y fatigándose, porque ningún otro corazón sino el mío admiraba su belleza y ningunos otros labios sino los míos besaban sus labios.

Después mi Alegría se murió de soledad.

Y ahora tan sólo recuerdo mi muerta Alegría cuando recuerdo mi Tristeza muerta. Pero el recuerdo es una hoja de otoño que murmura por un instante al viento, y luego ya no se la escucha más

El mundo perfecto

Dios de las almas perdidas, tú, que estás perdido entre los dioses, escúchame.

Dulce Destino, que velas por nosotros, espíritus locos, errantes, oídme.

Vivo en medio de una raza perfecta, yo, el más imperfecto. Yo, un caos humano, nebulosa de elementos confusos, me muevo entre mundos acabados, entre pueblos de códigos ejemplares y orden perfecto, cuyos pensamientos

son precisos y cuyas visiones son coherentes y están debidamente certificadas.

Sus virtudes, oh Dios, están medidas, sus pecados son pesados, y hasta las innumerables cosas que pasan en la oscuridad del crepúsculo, y que no son ni virtud ni pecado, son registradas y catalogadas.

Aquí los días y las noches se dividen y determinan la conducta, y están gobernados por normas de impecable precisión.

Comer, beber, dormir, cubrir la propia desnudez, y luego, sentirse cansado a su debido tiempo.

Trabajar, divertirse, cantar, bailar, y luego, acostarse cuando el reloj marque la hora.

Pensar de cierta manera, sentir de cierta manera, y luego, dejar de pensar y sentir cuando cierto astro se remonta por sobre el horizonte.

Robar al vecino con una sonrisa, ofrecer regalos con un gracioso ademán de mano, elogiar con mesura, censurar con cautela, destruir un alma con una palabra, quemar un cuerpo con un aliento, y luego, lavarse las manos cuando ha terminado el trabajo del día.

Amar según un orden establecido, divertirse de modo ya fijado, adorar a los dioses decorosamente, inquietar a los demonios con prudencia, y luego, olvidar todo, como si la memoria estuviera muerta.

Fantasear con una idea, contemplar con consideración, ser feliz sin estridencia, sufrir con nobleza, y luego, vaciar la copa para que pueda volver a llenarse mañana.

Todas estas cosas, oh Dios, se conciben con premeditación, nacen de la determinación, se nutren con la exactitud, se gobiernan con reglas, se dirigen por la razón, para ser, luego, asesinadas y sepultadas según un método ya prescrito. Y aún sus silenciosas tumbas, que yacen dentro del alma humana, están marcadas y numeradas.

Es un mundo perfecto, un mundo de consumada excelencia, un mundo de supremas maravillas, el fruto más maduro del jardín de Dios, el más alto pensamiento del Universo.

Pero, ¿por qué he de estar aquí, oh Dios, yo, una semilla verde de pasiones insatisfechas, una loca tempestad que no se dirige ni al Oriente ni al Occidente, un fragmento errante de un planeta en llamas?

¿Por qué estoy aquí, oh Dios de las almas perdidas, tú que estás perdido entre los dioses?